考拉看看
KOALA CAN

FORERUNNER

先行者

未来新经济的探索

成都新经济发展研究院　著

民主与建设出版社
·北京·

图书在版编目（CIP）数据

先行者：未来新经济的探索 / 成都新经济发展研究院著. -- 北京：民主与建设出版社，2019.12
ISBN 978-7-5139-2803-8

Ⅰ. ①先… Ⅱ. ①成… Ⅲ. ①新经济一区域经济发展一研究一成都 Ⅳ. ① F127.711

中国版本图书馆 CIP 数据核字 (2019) 第 275673 号

先行者：未来新经济的探索
XIAN XING ZHE：WEI LAI XIN JING JI DE TAN SUO

出 版 人　李声笑
作　　者　成都新经济发展研究院
责任编辑　刘树民
封面设计　考拉看看·汪智昊
出版发行　民主与建设出版社有限责任公司
电　　话　（010）59417747　59419778
社　　址　北京市海淀区西三环中路 10 号望海楼 E 座 7 层
邮　　编　100142
印　　刷　四川科德彩色数码科技有限公司
版　　次　2020 年 2 月第 1 版
印　　次　2020 年 2 月第 1 次印刷
开　　本　787×1092mm　1/16
印　　张　16.875
字　　数　164 千字
书　　号　ISBN 978-7-5139-2803-8
定　　价　58.00 元

本书访谈及记录数十位新经济企业创始人和高管

基础科学

周　涛｜复杂性科学和大数据挖掘算法和应用研究专家
雷　鹏｜四川大学生物治疗国家重点实验室青年科学家
胡　苏｜电子科技大学通信抗干扰技术国家级重点实验室青年科学家

大数据

曾　途｜数联铭品创始人、董事长
尹　康｜数联铭品执行总经理
王　驰｜大地量子创始人

智能硬件

钟　波｜极米科技董事长
郭　亮｜傲势科技创始人
刘　洋｜傲势科技首席运营官

互联网医疗

王仕锐｜医联创始人兼 CEO
张　欣｜医联政府事务部高级总监
周　坤｜23 魔方创始人

互联网教育

欧阳丹｜超有爱科技创始人
余　昊｜超有爱科技 CFO
张凌华｜麦子学院创始人

在线法律服务

张世友｜华律网创始人

文娱体

申　波｜咕咚创始人

袁　旭｜迅游科技创始人

卢恒宇｜艾尔平方创始人

李姝洁｜艾尔平方创始人

聂阳德｜洋葱视频创始人

左　鹏｜跳吧广场舞创始人

马　玥｜考拉看看联合创始人

共享经济

刘　翔｜优客逸家创始人

王宏波｜侠客岛里创始人

环保

汪剑超｜奥北环保创始人

农业

张　雪｜嘉道博文 CEO

徐晓晨｜源本生鲜创始人

芯片

向建军｜锐成芯微创始人

风险投资

李强强｜洪泰智造成都总经理

褚　浩｜伯恩资本创始合伙人

Preface

前言

—

成都新经济进化论

东汉时期流传下来的击鼓说唱俑，于1957年出土于四川成都天回山东汉崖墓，是现藏于中国国家博物馆最著名的文物之一。这个高56厘米的陶俑蹲坐在地上，左臂挟一圆鼓，右手执鼓槌作敲击状，嘴部张开，开怀大笑，好似正在讲述一段令人捧腹的精彩故事。这并非唯一一个被考古工作者发掘出土的说唱陶俑，它在成都、乐山、遂宁、重庆等地均有出土，虽然造型不同，但是欢快神情一模一样。如果要用一件器物代表蜀人的性格，那非这说唱陶俑莫属。

历史上，巴蜀之地经历过数次人口锐减和民族融合，依然养育出了一群天性乐观，崇尚自然的人民。作为道家的发源地之一，这里的人承袭了道法自然的精神，这种悠游自然的人生态度近乎海德格尔所言“诗意的栖居”，造就了与众不同的生活方式。数千年后，这片土地上诞生了一群创业者，他们在这里生长、奋斗，吸收这里的天地灵气，开创了新经济时代。

2017年，在成都正式提出新经济的这年，成都新经济发展研究院顺势成立。借由这一研究机构的成立，我们与成都的创业者们相识了。在这之前，他们或许被称为“互联网创业者”“科技创新者”“商业模式变革者”等，而如今他们有了共同的身份——“成都新经济人”，这样一个称呼，应当与创业者、极客，或者创新者有所区别。因此，在每一次和他们交流时，我们都试图找出不同的特质，以及相似的气息。

令人欣喜的是，我们的确找到了他们的独特点，比如正直乐观、理想主义、柔软坚韧、自然真实、崇敬科学……这些品质都生长于成都的土地上，使他们和这座城市建立了密不可分的关联，彼此理解、互相成就。城市的历史文化成就了生活在此的人，在新的时代，他们和这座城市一起，带着科技、智慧和文明之光朝着未知世界前进，这便形成了新经济的力量。斗转星移，生生不息。

发生：互联网春风下埋一颗种子

2004 年夏，北大未名湖畔，一位少年正踌躇不前。他稚气未脱的脸上阴云密布，内心并不像湖面那般平静。在校园内徘徊了一圈又一圈，他要在这苦闷的夏日做出一个决定：是留在北大继续完成学业，还是回到四川创业。

这一想法在旁人看来近乎荒诞，大好前途不顾，却要押注九死一生的冒险，简直不可理喻。

要理解这名年轻人的想法，我们得把时间拉回到 1998 年。那时，这名北大学霸是中国最早一批“网瘾少年”。在整个中学时代，他把大部分空闲时间都花在了上网和游戏上，还依靠游戏赚得了人生第一桶金。初二时，他在雅安建立了自己的个人网页“四川网盟”，成为当地的热点网页。第二年，他开设“江湖聊天室”，通过销售虚拟道具进账 20 万元人民币。而在高三那个暑假，当同龄人还沉浸在金榜题名的喜悦中时，他与几个伙伴一起，为《暗黑破坏神》这款游戏做出了一款“私服”，通过在雅安开设的第一个为网站主提供服务的双线 IDC 机房赚到了 40 万元人民币。

高三暑假结束后，他进入北大学习，却发现比起枯燥无味的课堂，自己更热爱惊心动魄的创业时刻。于是在那个暖风习习的夏日，这名少年做出了人生第一个重大决定：退学创业。2004 年，四川考入北大的学生不足百人，而选择退学的学生仅此一人。

这个名叫袁旭的年轻人，在几年之后的成都互联网圈崭露头角。但当时，他还在创业和学业之间摇摆。从雅安这个西部小城挤进北大校园，其概率并不比创业成功高多少。

在和袁旭交谈时，我们发现他退学创业并非“跟风”，而是纯粹来自于原始的创业冲动。回到四川以后，他从双线 IDC 机房做起，将公司从一个民居的两居室，逐渐发展成一个地上三层、地下两层的小楼。

2005 年，他发掘新商机，决定研发“迅游游戏加速器”，把网游数据从互联网中剥离出来，解决从服务端到客户端的游戏提速问题。之后，随着游戏业的蓬勃发展，加速器业务给袁旭带来了巨额财富。迅游科技也敲响了上市的钟声，成为四川互联网第一股。

就在袁旭瞄准游戏市场推出加速器服务的时候，另外5位名不见经传的年轻人也因为游戏走到一起。2008年5位年轻人在成都成立游戏公司“Tap4fun”，他们将在即将到来的移动互联网时代锋芒毕露，“把中国的想象力带给全世界”。这家公司研发的《野蛮时代》《战地风暴》《银河传说》等手游，将成为全球玩家的宠儿。

2008年，腾讯正式成立了成都分公司。起初，腾讯入川只将成都作为后勤服务大本营，但很快发现它的实力远不止于此。成都在游戏行业的爆发力缔造了腾讯游戏研发中心。其旗下天美L1工作室，依靠那款《王者荣耀》扬名全球游戏界。

此时，游戏成为成都当之无愧的产业标签，与中国最早一批互联网创业者一样，这批理工男嗅到了此次信息革命下无限的商机，仅仅以成都手游产业为例，鼎盛时期成都的手游CP数量实际上超过了1000家，成都被公认为继北上广深之后的“手游第四城”。

这仅仅是成都在互联网时代下的产业发展缩影，尽管手游产业而后经历了“眼前楼起、眼见平静”的境遇，但这丝毫不妨碍它为十年之后的成都新经济打下坚实的基础。

2008年对于袁旭这一批创业者而言，最重要的事或许并非在互联网大潮下下海创业，而是回到成都。那一年汶川大地震在中国西南撕开了一条深深的伤口，对日后成都的发展造成了巨大影响。一方面承受着巨大痛苦的人们开始重建家园，巨额投资随之涌进四川；另一方面，不少漂泊在外的川人，开始重新审视自身和故乡的关系，不少人在这次灾难之后下定决心回到故土，比如麦子学院创始人张凌华、咕咚创始人申波等。不管是对这些创业者，还是对成都创业场而言，2012 年以前，一切都尚处于发生阶段。他们进入未知，触碰到了新的世界。

寻找：从移动互联到智能互联

2012 年，“世界末日”的预言没有成真，新世界的大门却轰然打开——手机网民数量首次超过 PC 网民数量，中国正式进入移动互联网时代。

实际上，在 2007 年这扇门就已经打开，不过只开了一条缝，透了一束光出来。那一年乔布斯发布了第一款 iPhone，人们记住了这款只有一个按钮的手机，但对乔布斯口中的“颠覆”一词还半信半疑。随着 App Store 的上线，这位被奉为创业教父的美国狂人在 PC 端之外创造了一个崭新的平台。互联网的战争随着智能手机的普及很快就烧到了移动端，不论是“巨头”还是“新兵”，都把自家弹药集中在了这方寸屏幕上。在这场战役中，BAT 依然在搜索、电商和社交三大领域君临天下，但是技术的快速更迭和巨头迟缓的身躯，让更多“法外之地”被开拓出来。

这把被乔布斯点燃的战火，又随着 4G 的普及烧得更旺。4G 大大提升了手机上网的速度，其下载速度可以达到100Mbps以上，比3G快了30～40倍。这使得用户体验得到了极大提升，为移动互联网的发展彻底扫清了障碍。此时，拥有近10亿用户的微信应运而生，不仅让腾讯拿到移动互联网时代“站台票”，也成为悬浮在Apple Store和安卓商店之上的大平台。这是一个新的时代，每一个野心勃勃的创业者都在寻找自己的应许之地。

其中，自然不乏成都创业者的身影。

欧阳丹，这个名不见经传的名字很快登上众多VC和FA的拜访名单。但是在当时，他正在思考该如何唤起中国学生的学习热情。如果让枯燥无味的学习变成通关游戏一样充满乐趣，那对于教育将会产生怎样的影响？欧阳丹将引人入胜的游戏模式放到英语教育产品里。他将一个单词配上搞笑图片及简单的说明性文字，制作成电子卡片，每天在微博上发出10余张。这款名为“囧记单词”的产品大受欢迎，后来逐渐发展为国民英语应用“百词斩”。经过两三年的用户积累，百词斩成为国内用户量最多的英语学习产品之一。

申波，国内最早一批互联网运动健康领域的创业者。2012年，他创办的咕咚网正在向移动端迁徙。一年之前他刚刚获得了盛大集团2000多万的天使轮投资，其主要业务包含线上的运动垂直社区和线下的智能硬件销售。当时，咕咚卖得最好的可穿戴产品是智能手环。

然而，申波在2013年决定停掉手环业务。这在团队内部引起了巨大争议。当时智能手环等可穿戴设备为公司贡献了大部分的营业收入，如果贸然停掉，必定会对公司运营造成很大影响。更为关键的是，停掉可穿戴设备，公司该往何处去？最终，申波坚持转型，于 2014 年把主要精力放在了运动社交上。借助微信朋友圈分享等社交玩法，咕咚运动一跃成为全国用户数最多的运动类 App。

就在咕咚转型之时，一位名叫钟波的工程师放弃百万年薪，辞掉了在 MStar 的电视芯片研发工作。在 10 余年的从业时间里，他的脑海中浮现过许多关于未来电视的设想，2012 年，虽然他的构想还处于天马行空的想象阶段，但这个年轻人不愿意再等了。“创业”像一个黑洞，让钟波无法抗拒。

虽然在那时他还不知道下一代的电视机应该是什么样子，但是一切的未知正吸引着他去探索。1931 年美国诞生了第一台黑白电视机，80 多年过去了，电视的外形和使用方式一直未出现大的变化。钟波及其创始团队开始思考，是否有更加新颖的形式，能够掀起客厅革命。

当时他们把注意力集中在投影仪上，打算依靠投影设备来颠覆电视行业。但不少网友曾质疑极米科技的产品为四不像：既像电视，又像电脑，又像带了盒子的投影仪，还像音响。在 2012 年到 2015 年这段时间，钟波不得不在产品工艺、供应链等问题的冲击下选择忍耐。

在这一阶段，另一位重要人物也开始出现在人们的视野里。电子科技大学的大数据专家周涛教授，这名 80 后科学家带着他那本著名的译著《大数据时代》成为当时最重要的科技人物。这本由维克托•迈尔•舍恩伯格撰写的畅销书，是对当时美国学界和企业界大数据运用的思考与总结。但是在中国，对于普通人而言这还是一个新鲜概念。

科技的浪潮推动着人类向前，但科技的应用也需要关键人物来推动。2012 年开始，周涛走出校园创办了致力于帮助政府和企业设计大数据顶层规划的大数据公司“数之联”。同时还孵化了一批垂直领域的大数据公司，比如服务金融行业的“数联铭品”，立足医疗领域的“数联易康”，赋能人力资源行业的“数联寻英”等。

2013 年，周涛因为业务往来认识了同样在大数据领域颇有建树的曾途、尹康等人，萌生了利用大数据技术为政府和企业提供品牌服务的构想，于是创办了数联铭品。但是在落地过程中，曾途和尹康却发现品牌服务并非大数据落地的最优领域，反而金融领域是更适合的应用场景。在一番探索之后，从 2014 年开始，数联铭品便开始瞄准银行和政府为他们提供企业征信、风控等服务。

欧阳丹在寻找游戏化的学习方式，申波在寻找咕咚的转型之路，钟波在寻找颠覆传统电视的产品形态，周涛和曾途在寻找新技术的落地场景……在从互联网时代向移动互联网时代迈进的前后几年，“寻找”成为了成都新经济人的主题。对于成都而言，这座 3000 年历史文化名城，也在寻找重焕青春的机遇。

种子早已埋下，答案已经不远。

定义：新经济与新商业文明

“在宇宙间，一个技术文明等级的重要标志，是它能够控制和使用的微观维度。对于基本粒子的一线使用，从我们那些长毛裸体的祖先在山洞中生起篝火时就开始了，对化学反应的控制，就是在一维层次上操控微观粒子。当然，这种控制也是从低级到高级，从篝火到后来的蒸汽机，再到后来的发电机；现在，人类对微观粒子一维控制的水平已达到了顶峰，有了计算机，也有了你们的纳米材料。但这一切，都局限于对微观维度的一维控制，在宇宙间一个更高级的文明看来，篝火和计算机、纳米材料等等是没有本质区别的，同属于一个层次，这也是他们仍将人类看成虫子的原因。”

——刘慈欣《三体》

我们为什么推崇《三体》，因为它代表了未来的宇宙观，站在未来看现在。《三体》中提出，人类之所以被看成虫子，皆因一维之说。在过去的几百年间，从第一次工业革命到第三次信息革命，人类始终在一维层次的框架里做出行动。而如今的科技与外部环境发生了重要变化，也即是“升维”理论的提出。①

信息技术呈现指数级增长趋势——数字模式识别与复杂沟通的

① 中国信息经济学会信息社会研究所所长王俊秀在他的新书《新经济》中提出新世界主义，新旧的区分方式用以“升维”这一框架，书中用十个方面的升维来说明新经济时代的到来，这十个升维分别为：技术升维、基础设施升维、生产要素升维、诚信升维、社会协作升维、商业模式升维、产业组织形态升维、互联网应用升维、创业创新升维、主权升维。

进步让人类智能的奇点被打破；信息技术应用的层次不断深化，工业互联网、社会物理学时间是最具代表性的例证；信息技术的增长超越了线性约束，呈现出指数级增长的态势。[①]

"升维"带来新旧动能的根本性转变，同时也是新经济得以诞生的土壤。

20 世纪 90 年代，美国《商业周刊》发表的文章中最先提出新经济一词，在这一时期，美国经济以信息技术创新为基础，高新技术产业发展迅速，推动了经济强劲复苏，呈现低失业率、低通胀率、高经济增长率长期并存的现象，经济学家称之为"新经济"。

我国新经济的提出背景在 2014 年 9 月，在夏季达沃斯论坛上，李克强总理提出，要在 960 万平方公里土地上掀起"大众创业""草根创业"的新浪潮，形成"万众创新""人人创新"的新势态。这一在天津召开的国际性经济论坛，向世界展示了中国改革创新的成果，也同时吹响了改革开放后第三波创业的号角。

2015 年成都市推出了《创新型城市建设 2025 规划》《"创业天府"行动计划（2015—2025）》，打造企业能力提升工程、科技人才发展工程等"六大科技创新工程"；在人事流动、金融扶持、平台搭建、大学生创业就业、小微企业扶持、科技人才创新创业资助等方面，出台覆盖创新创业全链条的 7 大类 46 条政策。

① 王俊秀 . 新经济：信息时代中国升维路线图［M］. 北京：电子工业出版社，2016：127-129.

“新经济”一词被写入 2016 年的政府工作报告中。李克强总理指出,“新经济”的覆盖面和内涵是很广泛的，它涉及一、二、三产业，不仅仅是指三产中的“互联网 +”、物联网、云计算、电子商务等新兴产业和业态，也包括工业制造当中的智能制造、大规模的定制化生产等，还涉及到一产当中像有利于推进适度规模经营的家庭农场、股份合作制，农村一、二、三产融合发展等等。[①]

2017 年 11 月，成都召开新经济发展大会，描绘了新经济的发展蓝图：重点发展数字经济、智能经济、绿色经济、创意经济、流量经济、共享经济“六大新经济形态”，构建“七大应用场景”[②]，力争到 2022 年培育独角兽企业 7 家以上、潜在独角兽企业 60 家以上。成都从产业发展角度出发，为新经济做出了自己的注解，“六大新经济形态”和“七大应用场景”把人们从语言的真空中解救了出来。

延续：一场新经济进化论

政策开花结果尚需时日，但是资本的嗅觉却最是灵敏。

2015 年初，洪泰基金在北京成立不久，便选择成都作为最先进

---

① 李克强. 发展“新经济”是要培育新动能，促进中国经济转型 [EB/OL].(2016-03-16). http://www.xinhuanet.com/politics/2016lh/2016-03/16/c_128804392.htm.

② 来自《四川日报》报道，成都将构建“七大应用场景”，培厚新经济的市场沃土，这“七大应用场景”，分别为大力提升服务实体经济能力、大力推进智慧城市建设、大力推进科技创新创业、大力推进人力资本协同、大力推进消费提档升级、大力推进绿色低碳发展、大力推进现代供应链创新应用。

入的新一线城市。成都新经济的发展水平在全国位列前茅。这一点也被褚浩看在眼里，这名来自山东的创业者兼投资人，对成都的发展寄予厚望。他联合 17 名成功的山东企业家，成立了伯恩资本，立足成都辐射全国，投资优秀的创业者和创业公司。

成都深居内陆，其资本环境相对薄弱。风投的缺位，让不少优秀的创业公司捉襟见肘。不过随着越来越多的风投入驻，本土的资本环境也在逐步改善。这为独角兽的诞生提供了重要条件。

王仕锐创办的“医联”成长为第一家独角兽只花了四年时间。2014 年这名哈佛大学的研究学者刚刚回国，他把对中国互联网医疗的思考都写在了“医联”项目的商业计划书里。作为互联网时代的发源地，美国为大洋彼岸的中国模仿者提供了很多想象。王仕锐借鉴了美国互联网医疗的模式，野心勃勃想要改善中国医生的生存现状。

刚开始，他和几名创业伙伴挤在创业场地下一楼的狭窄办公室里，每日对着电脑冥思苦想。当时，他们的产品已经上线，但是如何吸引医生使用却让王仕锐绞尽脑汁。医生这一群体极为特殊，他们每天要工作 10 个小时以上，还要花费大量的时间投入在科研和学习上。可以说医生是互联网时代最不活跃的群体之一。

那时，王仕锐飞到一座又一座城市，敲开一扇又一扇诊室的门。在前两年的时间里，他们把绝大部分的资金都投入到地推活动之中。撬动了第一块多米诺骨牌，后面的发展便起了连锁反应。这家立足成都志在全国的互联网医疗公司，成立四年到 2018 年底已经聚集了 55

万余名医生，获得5轮融资，投资方不乏红杉、云锋等一线基金和腾讯等互联网巨头，其估值已经超过10亿美金，成为名副其实的独角兽。

独角兽不止医联一家。随着供应链体系不断完善和规范，极米科技的销售额也节节攀升。

2014年极米销售额是7066万元，2016年超过了8亿元，2018年前8个月的销售额就已经达到13亿元。更为重要的是，钟波和他的团队开创了一个新品类。当人们提到“无屏电视”这一概念时，极米科技是第一浮现在消费者脑中的电视品牌。

2018年，成都诞生了多家独角兽，除了医联、极米之外，还有新潮传媒、驹马物流和1919酒类直供。此外，咕咚、百词斩、数联铭品、傲势科技、理想境界等近30家公司也进入准独角兽行列。为成都新经济的发展提供了现实的注脚。

一个产业的诞生、发展与崛起，背后都是一番波澜壮阔的盛景。成都新经济产业的发展演进，必将是融合了政策、商业环境、企业兴衰的一部中国大历史。

为此，近一年的时间里，我们密集访问了70余位成都新经济人，其中不乏独角兽企业创始人、投资者和科学家。在交谈中，我们直面他们创业中最重要的时刻，有时心惊胆战，有时步履维艰，有时喜悦欢乐。同时，我们就创业、科技、创新等话题进行了深入交流。他们非常愿意与我们分享自己的人生，分享自己与成都的故事。以他们为代表的新经济人，正在定义成都新经济。从他们的口中，我们勾勒出了成都新经济的面貌。

在本书的第一章中，我们描绘了成都新经济的文明景象；第二章讲述了什么样的人在为成都新经济创造价值；第三章围绕成都新经济中的科技力量，探讨新技术的决定性地位；第四章从产品的角度，探讨成都新经济企业的制胜之道；第五章从用户角度出发，呈现了成都新经济的市场图景；第六章站在未来看未来，从商业本质、商业模式等角度，把脉成都新经济的生命。

Contents

目录

1 第一章
土壤：为什么是成都

2018 年的欧盟投资贸易科技合作洽谈会上，有这样一个故事，来自奥地利的 44 岁创业者菲利普・仁里花了 5 个多月的时间，从奥地利出发，途经 15 个国家，总计 1.5 万公里一路摩托车骑行来到成都，当他跟随奥地利代表团到达位于天府大道的中国—欧洲中心时，惊呼到："这比我在欧洲看到的很多建筑还要摩登、新潮。"

骑行旅行并不新奇，但是吸引菲利普摩托车骑行之旅的目的地的创业氛围，他独自一人从维也纳骑着摩托车来到成都，是为了体验其公司新研发的产品"24 小时旅行助手"。

外国人来成都创业与就业不是什么新鲜事，在成都的老外 here 平台，有数千人来到成都，有科学家、技术极客们以及各行各业的大量精英。有人疑问，这还是汪曾祺笔下"悠闲仿佛脱离了时代"的慵懒城市吗？作家贾平凹来成都时写道："脚下飘飘的，似乎有几分醉后的酥软。早早晚晚都在茶馆泡着，喝着茶，听着身边一片清淡。一杯喝下，清香在口，音乐在耳，一时心胸污浊，一洗而净，乐而不可言状也”。几行字道尽了成都的悠然自得，而这样的生活令人向往。张艺谋拍宣传片，片尾一句——“成都，一座来了就不想离开的城市”，自此，世人提起成都，多少要赞一句“舒服”。成都“幸福第一城”的名号，实在当之无愧。

而今，当越来越多的新经济人才来此拓展宏图，我们想要探究：成都究竟是怎样的一座城市，竟有如此大的吸引力？

来看这样一组数据：2018 年 5 月 18 日，全球创新创业交易开幕式在成都举行。在仪式上，主办方发布了最新“中国新经济指数”[①]，成都新经济总量指数位居全国第四名，新经济市场主体新增 3.66 万户。[②] 数据证明，成都的新经济发展已处于全国领先地位。成都数联铭品 BBD 公司首席经济学家陈沁博士谈道，成都的经济总量、资本吸引等指标，在全国都具有优势。其中一些指标，比如风险投资指数，甚至与“北上深杭”并列第一。

另一组数据显示：截至 2017 年，成都科技型企业达 44396 家，

---

① “中国新经济指数”（New Economy Index，简称 NEI）由财新智库与成都数联铭品科技公司联合出品，自 2016 年首次发布起，每月更新一次。它从供给侧和投入端的角度检测新经济发展活跃情况，为宏观经济、产业经济分析，以及制定产业发展政策提供决策参考。2016 年 4 月，国务院总理李克强在北京大学考察时，曾现场表示对该指数的关注。

② 中国新经济指数联合创始人陈沁：成都是让人开心的城市 [EB/OL].（2018-05-18）. http://www.cnr.cn/hd/20180518/t20180518_524238732.shtml.

共享经济企业 200 家，世界 500 强企业成都落户 281 家。

在《2017 中国独角兽企业发展报告》中，成都本土公司新潮传媒首次进入榜单，估值 15 亿美元，随后医联、驹马物流、1919 酒类直供也位列其中。此外，成都市已有 31 家潜在独角兽企业，涵盖大数据、互联网 + 智慧医疗、互联网 + 智慧物流、智能硬件、人工智能、文化娱乐、VR/AR 等领域。新经济指数的不断更新，人们注意到成都这座以慢生活著称的城市焕发出新鲜活力。

要理解成都新经济，就要从根本上去读懂成都，在这里，生命是完整的存在，没有所谓生活、工作、休息之类的划分，一切都在自然生长。即便在发展中出现了无法避免的挫折，也会在时间中迎刃而解，事物会选择它应该去的方向。在自由的环境中，人们会发自内心地为更美好的生活而奋斗，而当这种拼搏之力在新经济中聚集爆发时，不仅独一无二，而且气势如虹。

寻根究底，它因何而生，又沿何脉而去？

成都是道教的发源地之一。老子在《道德经》中阐述了道家思想的精华，其“一生二，二生三，三生万物”的思想影响至今，许多人从中领悟到生命的真谛。在这部集大成之作中，有这样一句话：“万物作焉而不辞，生而不有，为而不恃，功成而弗居。夫唯弗居，是以不去。”其解释为：“道”虽然生化万物，但从不会去干涉万物的成长，不占有，也不依赖，更没有任何狂妄自大，而是让它们自由生长。如此，万物和“道”之间才能永不背离，世间万物得以生生不息地发展下去。可以想象，在道家理念的影响下，生活在这里的人必定有着追求生命自然之美的心境。

成都，本就是自然而生。宋代的全国性地理总志《太平寰宇记》记载：“一年而所居成聚，二年成邑，三年成都，因名之曰成都”。这句话是说，这块地河网纵横、物产丰富，三年光景竟有了都城的气象，遂有了“成都”的名号。成都定名2000多年来，主城位置从未转移，人们脚下踩着的土地与两千年来无数蜀人踩过的别无二致。千百年来，这座城市都在真实地表达着自己，以不变的口吻诉说着悠悠岁月，而这其实是对生命本真状态的自由表达。

新物种需要什么土壤

1980年，深圳被确立为开放特区，从一个小渔村发展为如今的国际化城市，其速度令人惊艳。同改革开放以来第一批崛起的城市相比，成都非常年轻，却以难以置信的学习力吸收着国内外现代城市的精华，并凭借自身独特的魅力让许多精英人士、企业慕名而来。

2016年，成都被确定为国家中心城市之一。国家中心城市，是中国城镇体系规划设置的最高层级，是直辖市和省会城市层级之上的“塔尖”，因此也称作“塔尖城市”。在2017年结束的全国两会上，许多代表、委员都提交了把自己所在城市建设成国家中心城市的议案或提案，而有限的名额一度引发全国众多大城市的激烈竞争。

国家中心城市的提出，无疑让城市发展添砖加瓦，进入领先行驶的轨道。未来，这座“塔尖”城市将迎来更多机遇和挑战。

2008 年，《中国国家地理》杂志推出中国 31 处最宜居的地区，成都位居榜首。随着中国经济的腾飞，成都在中央和地方政府的大力支持下，加上其悠闲舒适的生活气息，形成了多样的经济产业群。作为四川省的省会城市，成都在众人心中与文娱、旅游、创意和高新技术这样的字眼密不可分。有数据显示，在大数据时代，相关产业新增企业注册资本最多的地区就是四川。[①]

数联铭品科技有限公司（简称 BBD）执行总经理尹康也谈道：

“成都的资源禀赋非常好，资源承载力强，这里有想法的年轻人特别多，生活氛围好，这些是基础。比如我们从事的信息化领域，成都一直很重视，天府软件园打造得非常早，积淀了大量的科技人才。在这里发展新经济，不管是医疗行业、媒体，还是像我们这样的大数据、人工智能等各个新产业，都能找到适宜生长的土壤。”

岁月为这座城市赋予了太多跌宕的故事。对它的了解越多，我们就越发惊叹它那旺盛的生命力。

---

① 中国新经济指数联合创始人陈沁：成都是让人开心的城市[EB/OL]．(2018-05-18). http://www.cnr.cn/hd/20180518/t20180518_524238732.shtml.

资源输出与文化消费的考量

四川是一片丰饶的土地。一位在有机农业领域耕耘了数十年的企业家这样分析过：

“除了没有海洋，在陆地任何一种环境，都能在四川找到。海拔 400 米～ 4200 米，有平原、丘陵、高山、湖泊、冰川、江、河，这就造成了我们生物的多样性，以及良好的生态。因为海拔的高低不同，我们全年有各样的气候，所以农产品供应和生产可以保持稳定持续。四川一年到头都有西红柿和黄瓜，比同纬度地区环境优越得多。”

四川在农业上的先天优势首先来自于独特的自然环境。四川省东部盆地地形，水网密布，四面环山。北面的秦岭 - 大巴山脉如一道天然屏障，抵挡住了冬日里南下的寒流。而海拔 300 余米的平原到 4000 余米的高山，塑造出多样的地形和巨大的落差，为绝大多数动植物孕育了生长的空间。亚热带季风气候则保证了每年 1300~1500 毫米的充沛降水。14 万平方千米的紫色土壤，富含磷、钾等矿物养分，为农作物提供源源不断的养分。

公元前 316 年，秦国吞并蜀国。在战乱、瘟疫的肆虐下，蜀地非涝即旱，百姓不断遭受灾害。蜀国归为秦国麾下之后，为了改善当地境况，秦国下定决心彻底治理岷江水患，派出著名水利专家李冰前往蜀地任蜀守。经过详细的调研、设计，公元前 256 年，李冰率众人展开了水利修建工程——都江堰。

都江堰让过去的洪灾成为灌溉的源泉，成都平原自此转危为安，粮食产量大增。据《史记》记载：都江堰建成，使成都平原“水旱从人，不知饥馑，时无荒年，天下谓之‘天府’也。”由此可见成都得天独厚的自然条件。

基于此，最先在四川获得成功的一批民营企业都是农业公司。1982年刘永好四兄弟作为专业户起步，开始了在养殖业的创业；而就在第二年，刘汉元发明了“渠道金属流水网箱养鱼技术”，把目光投向了渔业养殖。他们一个建立了新希望，另一个成就了通威。这两家公司如同两个巨擘，把四川的农业发展带上了第一梯队。

生机勃勃的成都平原，让万物自然生长。这里的花草树木、河流山川赋予了人们崇尚自然的率性品格。在这片土地上，蜀人如同繁茂的谷物，随风飘摇自由洒脱。仓廪实而知礼节，文化与创造的因子在空中流动，孕育了无数天马行空的想象。

在经济上，四川诞生了世界上第一张纸币，发行了新中国第一张股票，成立了新中国第一家典当商行，设立了改革开放后全国第一家民间银行；在文化上，这里诞生了司马相如、李白、苏东坡、巴金等一大批文豪，在中国文化史上留下了浓墨重彩的一笔……

文化给成都新经济的发展打下了鲜明的烙印。迅游科技创始人袁旭谈道：“天府之国有着浓厚的文化氛围，这里的人文环境适合注重想象力与创造力的行业发展。”麦子学院创始人张凌华认为，文化创意产业在成都的发展得天独厚。“创新创造、开放包容”如今已是公众对成都文化最鲜明的描述，它为成都的新经济发展带来丰富的文化底蕴和创意环境。

洋葱视频创始人聂阳德也深有感触地说：“成都天然适合做创意经济、流量经济。这座城市几千年的文化积淀，给内容领域创造了适宜的空气、土壤和水分。相对舒适安逸的生活环境，让人的创意和想象不断迸发。”

农业与文化，一实一虚、一前一后，如同巨树之根茎，滋养着成都平原，让万物恣意生长。

新旧产业交融诞生

在古代，江深竹静两三家的景象就是成都百姓的日常生活。蜀地的绿水烟波、西岭千秋雪，成为诸多大文豪的向往之地，激活了他们的创作灵感。李白诗有云：

> 九天开出一成都，万户千门入画图。
> 草树云山如锦绣，秦川得及此间无。

唐宋时期，随着北方丝绸之路开拓，成都成为国际大都市。城市的繁荣丝毫不影响古人将这和暖风光融入其中的热情。每家每户都有流水修竹，坐在庭前便可赏明月、观远山。如今我们虽然无法像古代先辈那样栽种翠竹，享有庭前流水映花，但成都百姓这份热爱生活、向往自然的热忱，依然延续至今。

古城发展历经几代沉浮，继大秦灭蜀的灾难过后，明末清初，繁华的成都迎来战乱，民不聊生。中华人民共和国成立后，成都得以养精蓄锐。秋风萧瑟复萧瑟，春光烂漫又烂漫，这座城市一直在静静地储存能量。成都的发展速度虽称不上最快，但它却一直在寻找曾经骨子里的那份纯真和朴实，一点点地拾回本真。于是，在厚积薄发的力量中，一座现代化的大都市在科技时代悄然崛起。

如今，成都兼具传统文化和现代文明之美，新旧元素在这座城市里融合碰撞，呈现出独一无二的气质。人们走在繁华艳丽的太古里商业街上，一不小心就会落入幽静的大慈寺中，瞬间穿越千年，触摸玄奘取经时的心境。一边流光溢彩，一边千年岁月，这样的景色只在成都独有。

在新旧文明相遇之时，新旧产业也在互相改变。在互联网、大数据、智能化等高新技术的作用下，新兴产业与城市文化相契合，为经济市场贡献力量。与此同时，传统的农业、制造业等也在借助创业者的互联网思维转型，焕发新生。

丰富的自然资源是古蜀文明的开端。古老的农业自人类社会起就是人们赖以生存的本源。农业是传统的，却也是复杂的，它不仅综合地理位置 、气候、土壤等地缘因素，还离不开农民对其规律的探索和遵循。生活在古代城市的百姓，不会想到几千年后，市民们只需加入会员制，就可以足不出户，享用到一站式蔬菜配送，而且在每一份蔬菜上都可以看到其农场出处、土壤和水质检测报告。

过去的农人自给自足、春种秋收，若遇到自然灾害便会面临饥寒交迫的生活。为了生存，这些农人带着自己的农作物沿街叫卖，这种碎片化、无规模、无体系的销售方式也极其不稳定。时光飞逝到现代社会，互联网大数据时代颠覆了农业的运营。

新经济也正在改变着医疗产业。通过信息化管理，医疗机构不仅提升了病患的看病效率，在移动互联网的推动下，医生、病患和药企之间还能实现资源共享。医联的创始人兼 CEO 王仕锐看到了医疗大数据时代的来临，推出了医生社交平台，上面汇集全国 50 多万名来自不同地区的医生。由此，不同级别医院的医生实现了信息互通。小医院的医生遇到手足无措的病例，无须再为找不到专家指导而愁眉不展：只需在平台发布病例，三甲级医院的主任医师、甚至顶级专家都会纷纷相助提供建议。

对于病患而言，他们不用再为看病难、挂号难而奔忙。只要拿出手机、打开线上问诊平台、搜索科室，屏幕上就会出现全国各大医院的医生。病患可以浏览每一位医生的资历，进行线上咨询。有些病患通过一个手机就可以拿到电子处方，立刻开药下单，时间成本大大减少。

互联网 +、产业互联网、新零售等新思维不断冲击着传统行业的旧链条。当大多数人还在自己的思维框架里轮番打转时，那些善于捕捉契机和充满创新意识的优秀创业者早已跳了出来，从另一个角度审视着某个领域。这一思维，便是“新思想”和“旧行业”的重新组合，更是一个产业获得新生的宝贵机会。

创新基因与创新文化

改革开放以来，中国企业和产业走出了一条不同于西方的创新路径，在过去40年里，大多数中国企业在创新方面都经历过引进创新、跟随创新、自主创新和超越创新。然而，如今，中国企业的创新在全球化4.0的语境下更显活力。我们看到，在移动互联网时代，中国的共享商业、移动支付、电子商务等各个领域的创新企业异军突起，在正在到来的5G时代，智能感应、大数据、智能学习等领域企业最多、实力最强的也不乏中国企业的身影。

将目光转移到成都，大自然赋予成都山水画卷和丰富资源；蜀国文明激发出这座城市无限的内生力。古往今来，成都历经数次沉浮，却依然爆发出强大的发展潜力。其中一大原因在于，在城市发展进程中，成都始终流动着创新的血液。自古蜀文明时期，成都的创新活力就初见端倪。从古城建立中使用的工程技术，到青铜器的锻造，都是古人的智慧结晶。南方丝绸之路、都江堰水利工程的开创以及后来的移民文化大融合，我们在不同阶段看到了不同形式的

大数据专家周涛

创新，每一次成果都会带来无限惊喜。

理念创新先行一步。2017年，成都提出“新经济”这个全新的概念，成为全国首创。成都市新经济发展委员会和成都新经济发展研究院也相继成立。

成都新经济发展研究院执行院长、电子科技大学互联网中心主任周涛教授认为，成都作为一个特大城市，如果要成为一线城市，只有选择走科技创新之路，让经济高速发展。“‘选择’不是适不适合的事情，而是生死存亡的事，成都只有选择走科技强市这条道路，才能够发展得更好。”周涛说道。

2018 年 5 月，在“成都市新经济企业梯度培育计划暨双百工程”启动会上，成都市市长罗强发表讲话：“发展新经济也是城市发展、城市竞争的需要。”他分析了成都 GDP 与财政收入数据——成都 2017 年 GDP 总量为 1.39 万亿，增幅 8.1%，2019 年一季度，增幅 8.2%。尽管总量在全国城市排第八、省会城市第二，但是城市间的竞争却相当激烈。无论是排在前面的苏州，还是排在后面的武汉、杭州等城市，都在创造条件飞速发展。罗强总结这场城市竞赛时说道："谁注重经济的转型发展，谁把新经济的蛋糕做大，谁就能在激烈的竞争中快人一步、抢占先机。”

政策、金融、人才三要素

2014 年 9 月，在夏季达沃斯论坛上，国务院总理李克强提出：要在 960 万平方公里土地上掀起“大众创业”“草根创业”的新浪潮，形成“万众创新”“人人创新”的新势态。第二年，诺贝尔经济学奖得主，哥伦比亚大学著名教授埃德蒙德·菲尔普斯（Edmund Phelps）受李克强总理之邀参与外国专家座谈。在会上，菲尔普斯教授表示：如果大多数中国人，因为从事挑战性工作和创新事业获得成就感，而不是通过消费得到满足的话，结果一定会非常美好。在李克强总理的号召下，“大众创业、万众创新”（简称“双创”）口号顺势而出。

“双创”一经提出，各大地区积极响应，继大学生创业园之后，成都的创业氛围日趋浓厚，在这种势头下，成都市政府很快发布《成都“创业天府”行动计划（2015—2025）》，提出将在未来 10 年致力打造“成都创业、创业都城”的城市品牌，并启动建设一批“众创空间”作为创业新载体。与此同时，成都市政府也积极开展招商引资的工作。在一众二线城市中，成都的“双创”氛围最为浓厚。在政府相关部门的奔走下，许多企业成功进驻，成为了“双创”时代的见证者。

洪泰就是这个时代最早进驻成都的实力机构之一，据其前成都总经理李强强回忆：

“2014 年底，国家提出“双创”，省里市里都有相关的政策。那时候势头起来得很快，成都被称作双创第四城，在全国的二线城市里面是做得最好的。所以当时我们在选点拓展区域的时候，第一站就选择了成都。”

成都市锦江区政府为了引入洪泰，拿出了十足的诚意。“当时锦江区主要领导对我们的支持力度都非常大”，李强强仍记得锦江区政府到北京邀请洪泰时的情景。锦江区的主要领导带了七八个各部门的负责人来到北京总部，跟洪泰 CEO 乔会君博士交流，希望把洪泰引进成都。当时领导下午要开会，需先回成都，于是告诉其他人“你们一定要把洪泰引进过来，什么时候把合同拟好、签好字，什么时候再回成都。”这个细节李强强记忆犹新。

当天，在位于首都体育馆附近的洪泰总部，锦江区的政府领导和洪泰的团队，加班到临近半夜一点钟，终于敲定协议，次日，领导班子才回成都。“非常快”，李强强说：“我记得是 2015 年 9 月 21

日签约，国庆节之后，就召开了新闻发布会。”

2015 年，洪泰顺“双创”大势而来，落地成都。

2016 年，“双创”的氛围达到一个高峰。李强强回忆起自己刚来成都的情景，仍然历历在目，他说当时对成都不熟悉，自己心里没有多大底气，不确定洪泰智造的模式在成都能否成功。“但既然被派驻过来，也只能硬着头皮干。”三年后，他对我们说：“成都的政府环境非常好，扶持力度很强。我们在 2017 年经历了一个蓄力过程，2018 年又落地了洪泰智造中心。这其中其实包含着两条线，一条线是整个成都‘双创’和新经济的布局和发展；另一条线就是洪泰自己的布局。”

伯恩资本的褚浩表示，成都的创业环境和投资环境比起北京、上海、广州这样的老牌一线城市，还是较为薄弱。尽管如此，伯恩最终还是坚定地落户于此。“我们认为成都势头强劲，拥有厚积薄发的力量”，褚浩说道。虽然北上广这样的地方创业环境很好，但往往存在项目估值过高的情况。而成都在这一点上就凸显出成本优势，未来发展不容小觑。

在调研成都新经济企业的过程中，众多新经济人表示最看重政策、人才和金融三大环境要素，而这三者正是新经济的势头所在。成都新经济发展研究院执行院长周涛评价“成都发展新经济的土壤很肥沃”。他认为，成都的人才优势和政策资源优势尤其显著。

“成都有电子科大等诸多电子信息方面的科研院所，在生物医药、大数据、5G、机器人等领域人才储备丰富；成都政府对创新创业企业十分包容和支持。从政策优惠到提供机会，支持是全方位的。”

如其所言，成都在高新技术领域的人才优势显著。很多企业创始人就是从成都高校毕业的，比如电子科技大学，四川大学华西医学院。在成都早期的“双创”环境中，许多优秀的创业者得益于成都政府对大学生创业的支持，成功踏上了这艘大船。同时，高校为企业供给源源不断的优质人才血液，保证企业持续发展。

在政策方面，成都新经济人提出了许多特别的想法。比如奥北环保创始人汪剑超认为，相较于资金、场地、税务等硬支持，更希望得到政府的“理解”。“希望政府理解我们所做的事业，有了理解，其他的很多事就自然发生了。”

“政府要牵头把产业的核心产业链拉回来，建立多层次金融服务平台，在此基础上搭建多层次政策”，四川文投的杨涛表示，希望政府助力把文化资源转化为文化资产，营造良好的商业环境。迅游科技创始人袁旭则表示，新经济企业与政府应该是合作关系。“政府层面更高，可以看到更多的需求，甚至是和国家战略发展结合起来。企业是承载需求的载体，需要更多的政府引导。”周涛也认同这样的观点，他认为，如果没有政府的优先考虑，创新型企业可能永远没有机会。“成都对初创企业和新生事物的敏锐、包容和接纳心态，是我感觉最温暖的地方。”

在金融环境方面，成都的投资环境虽然不是全国最活跃的，但一直备受政府重视。在发展新经济的进程中，政府的引导作用十分关键，这直接影响到城市的新经济发展水平。周涛认为，如果资本的聚集性和活跃性能得到提高，就可以推动许多企业发展起来，成为新经济发展的主要力量。成都需要打造全生命周期的金融服务体系，为新经济企业的发展营造良好氛围。

何为顺势而为？就是按照事物本来的样子去发展，利用现有资源去创造最大价值。我们在与成都新经济人对话时发现，他们从不抱怨环境，而是站在客观理性的角度表达自己的真实想法。即便是面对环境条件的薄弱之处，他们也怀抱着“先接受，再努力改变”的心态，希望为优化环境贡献力量。极米科技创始人钟波就讲到，自己选择回成都，不仅是看中这里的潜力，更想为改善成都的创业环境做出努力。目前，极米科技已经积累了许多优质供应商，钟波希望能通过极米科技将他们聚集在成都落户建厂，进而形成硬件制造的完整产业生态。若要形成势力强大的新经济阵容，必定需要政府、企业、资本等多种势力聚合而成的坚实力量。在这股力量的推动下，更多新经济体才能顺势而上。

首创精神催生路线图

成都是全国第一个明确提出发展“新经济”的城市。

2017 年 11 月，成都新经济发展大会隆重举行，成都新经济发展研究院成立仪式启动。在会上，成都市政府就未来成都市新经济发展走向作出规划：重点发展智能经济、数字经济、绿色经济、创意经济、流量经济、共享经济六大新经济形态，构建七大新经济应用场景。这份颇具特色的新经济发展路线图，让成都在众多城市中独树一帜。

事实上，“新经济”一词早在 10 余年前便诞生。1996 年 12 月 30 日美国《商业周刊》第一次使用了这一名词。当时的美国经济出现了二战后罕见的高速增长，经济增长率达到 4%，失业率从 6% 下降到 4%，通胀率到 1999 年只有 1.9%，为 34 年来最小增幅。美国经济界便用“新经济”来形容那一段时间蒸蒸日上的经济形势。美国人将这个词定义为在经济全球化背景下，受信息技术革命形成的经济发展模式，其特点是高增长、低失业率、低通货膨胀率、低财政赤字。不过随着时代变迁和社会发展，“新经济”的内涵也在不断变化。明确对新经济提出发展规划的中国城市，成都是第一个。

这一规划实际上是对 2015 年便开始的“双创”浪潮的总结与提升。“双创”如火如荼进行了四年时间，现在已经到了开花结果的时候。以大数据、人工智能、5G 等为代表的第四次工业革命到来，也亟需政府提出更务实的创新创业政策，来规范和指导相关产业发展。

在这样的背景下，成都的新经济发展规划便应运而生。

成都不仅第一个提出新经济路线规划图，还成立了国内首个新经济发展委员会。这一机构的设立不仅在政府的管理创新上有重要意义，更对成都新经济的发展起到了极大的推动作用。

在成都市新经济发展委员会之前，成都新经济企业往往被多个部门交叉管辖，这意味企业与政府之间存在较高的沟通成本。另外，不少政府部门面对新经济企业的诉求仍然按照服务传统企业的方式进行管理，这必然造成需求和服务的不匹配，不仅浪费资源还难以促进新经济企业的发展。成都市新经济发展委员会的成立好比让新经济企业有了“娘家”。洪泰在落户成都之后，经常面临不清楚该找哪个部门沟通的窘境。“看上去很多部门都可以管我们，但实际上每个部门的服务内容又和我们不太匹配。”一位创业者说道。而成都市新经济发展委员会的成立解决了这一燃眉之急。通过设立专门的行政部门，可以有效减少沟通成本提高办事效率，为新经济企业提供更“对胃口”的服务。

根据中国城市“双创”数据显示，2017 年成都的“双创”指数为 85.26，仅次于北京、上海、广州，位居全国第四，成为“双创第四城”。而新经济路线图的提出和成都市新经济发展委员会的成立，让成都的“双创”更上一步台阶。

在成都首创新经济发展路线图后，2018 年 9 月，李克强总理召开主持国务院常务会议，提出打造“双创”升级版。当月底，国务院出台《关于推动创新创业高质量发展打造“双创”升级版的意见》。国务院文件一经颁布，成都紧随其后，结合“双创”升级版部署，成都市政府正式出台《成都市深入实施创新驱动发展战略打造“双创”升级版的若干政策措施》（简称《政策措施》）。该《政策措施》提出了人才发展、科技型企业培育、健全建强科技金融支撑、优化公共服务、促进校企合作、加强知识产权保护等十项条款，与成都新经济发展规划遥相呼应。

不可否认，在互联网和移动互联网时代，偏居西南的成都和北上深杭存在差距。北京是首善之地，人才济济；上海是国际金融中心，资本雄厚；深圳是改革窗口，创新活跃；杭州在阿里巴巴的带领下奋起直追。

不过作为第一个将新经济列为发展目标的国家中心城市，成都显示了它的勃勃野心。根据路线规划，到 2022 年，成都基本形成具有全球竞争力和区域带动力的新经济产业体系，成为新经济的话语引领者、场景培育地、要素集聚地和生态创新区，建成最适宜新经济发育成长的新型城市。新经济产值在 5000 亿元以上，新经济总量指数排名进入全国第一方阵。成都的目标不是做“西南王”，而是能在全球竞技场上占得一席之地。

长远投资评估基础科学研究

2017 年 9 月 9 日，全球神经系统疾病研究领域顶级期刊《分子精神病学》（Molecular Psychiatry）刊登了一篇题为“Tau-mediated iron export prevents ferroptotic damage after ischemic stroke”（Tau 介导的铁转运阻止了缺血性脑卒中造成的神经细胞铁死亡）的研究论文。该研究成果有望在不远的将来投入临床应用，帮助脑卒中患者恢复部分运动功能。

四川大学生物治疗国家重点实验室的青年科学家雷鹏正是这篇论文的主要作者之一。雷鹏，国家“千人计划”青年人才计划入选者，国家自然科学基金委优秀青年基金获得者，高中毕业于成都七中，被保送到清华大学基础科学班，其后赴澳大利亚墨尔本大学深造。2015 年，通过国家海外高层次人才引进计划，雷鹏回到成都并进入四川大学生物治疗国家重点实验室工作。

回到成都一年后，雷鹏就在《分子神经病学》上发表了另一篇论文。论文指出，患有抑郁狂躁双向症的患者在服用锂离子药物进行治疗时会呈现差异化效果。有些病人身体里的锂离子偏低，服药后可以使病情得到改善，但身体里本来就有足够锂离子的病人，服药后病情反而会加重。该发现有助于指导抑郁狂躁症患者更科学地用药。研究成果登上世界顶级学术刊物的背后，是长达八年的深耕细作。雷鹏及其研究团队自 2008 年起启动该研究项目，期间做了无数次动物试验和时间跨度较长的临床试验才获得了宝贵的研究成果。

工作中的雷鹏

生物医疗是一项研究生命和健康的事业，而其中总有诸多未解的谜题。作为一项基础科学，生物治疗研究贯穿了人类的进步历程。从发现问题、验证假说，再到临床试验、新药上市，几十年时间对生物医疗产业而言，不过弹指一挥间，其中还伴随着极高的风险。雷鹏举例说，比如“大家用了几十年时间研究，最后发现某个靶点是错误的，这条路走不通”。在生物医疗研究中，类似的事情并不罕见。但雷鹏认为，失败同样具有重要意义，它可以为后续的研究提供支持。

另一方面，由于周期长、投资大、失败率高，生物治疗研究的融资问题也长期存在。以脑科学、神经科学为例，中美两国在该领域的专家数量相差无几，但两国在该领域的企业数量却差异巨大，中国企业数量远远低于美国。数据表明，我国在该领域的专家人数多，在世界上属于第一梯队国家，但在市场价值转化方面还有待提升。

基础科学的探索之路曲折又漫长。与生物医疗技术一样，基础通信技术的研究历程同样荆棘密布。就在雷鹏着手启动锂制剂研究的前一年，成都电子科技大学通信抗干扰技术国家级重点实验室中，另一位青年学者和他的课题组下定决心，启动了“十年磨一剑”的5G预先研究项目。

这位青年学者名叫胡苏，电子科技大学教授、博导，2017年入选教育部“青年长江”学者。他主持过多个国家级科研项目，多年来一直聚焦于无线通信基础研究领域。胡苏指出，通信产业具有两大基本特性，一是技术复杂，变现难度大；二是研发周期长、风险高。可见，基础科研领域的问题是相似的，雷鹏和胡苏有着同样的困扰。

在5G产业链中，基础的技术研发很难实现直接的技术落地变现，胡苏解释说，“不像射频天线等可以做出来直接卖产品，我们能在无线通信系统里面做的东西只是物理层传输环节中基础技术的一部分，没办法直接转换成产品。我们的核心技术也没法造手机。”其次，基础通信技术具有“一代十年”的特性，也就是说，5G和我们熟知的3G、4G一样，从基础研发到商用换代要经历长达十年的时间周期。通常来说，超前的预先基础研究工作要持续四到五年，然后设备厂商才启动技术方案优化和样机工程化，优化三年左右才会选择城市

电子科技大学胡苏

开始试商用，试商用后还要不断修正完善，才能正式投入商用。更令人沮丧的是，基础通信技术的研发风险极高，一旦前期选定的技术方向后续无法进入国际标准，那前期的研发成本就无效了。

因此，基础科学研究必须解决一个关键悖论：在研究者看来，没有早期的资金投入，研究工作很难开展下去；但在投资者看来，高风险、获益周期超长的项目并非好的投资选项。与此同时，不可否认的是，在经济发展中，基础科学对产业的持续发展和企业的进步又具有重要意义。科幻作家刘慈欣在小说《三体》中曾生动地描述过三体文明最怕的就是人类的基础科学。其中虽有虚构的成分，却也从侧面体现了基础科学之于人类整体发展的重要性。

能否看穿悖论，用更长远的投资回报眼光来评估基础研究的意义？成都市正在用行动回答这一命题。我们看到，政府对基础学科的重视正在加强。据成都市2018《政府工作报告》显示，成都将深入推进政产学研用协同创新，实施蓉城科技聚变计划，强化基础研究和应用基础研究。无资金、长周期和高风险问题也正通过不同方式得以改善。

譬如，生物医疗方面，成都有望借鉴发达国家以“接力投资”的方式完成新药研制，即将研发分为多个环节（比如小鼠试验、大鼠试验、临床试验一期、二期、三期），在每个环节完成后，投资者都可以通过股权转让、并购等方式退出套现，由新投资者接手。这样的方式实现了双赢，既为研发者提供了资金，也为投资者分担了风险、缩短了盈利周期。今后，随着国内医疗投资市场逐渐成熟，也可采用此类方式解决投融资难题。

在生物医疗领域，成都拥有产业发展的基础优势，这里不仅有四川大学、电子科大等高校研究团队，在临床医学、人工智能、脑机融合等领域走在前沿，还吸引了诸多国内外优秀药企入驻。2016年，成都天府国际生物城建成，推动了成都生物医疗产业的快速发展。在三年时间里，天府国际生物城引进了113个项目、超1000亿元的总投资、13个创新药品种，产学研用一体化成果显著。

在通信技术领域，成都的优势同样显著。工信部同意全国四个城市率先开展在5G无线产业上的商用布局，包括上海、深圳、北京、成都。成都对5G有大规模、前瞻性研究，即将以“5G之都”的身份走在新信息时代的潮头。在矗立潮头的背后，高校基础科学研究做出了重要贡献。目前，电子科技大学通信抗干扰技术国家级重点实验室在通信领域排名前列，并为行业输送了许多优秀人才，助推产业健康发展。

一组数据可以说明四川的基础科学研究能力：截至2018年，四川全省共有国家重点实验室14个，另有百余个四川省重点实验室。其中，绝大部分位于成都市。2012年到2017年，在川的国家重点实验室和四川省重点实验室组织科研人员5万余人次为企业解决技术难题8090余项。据官方人士表示，四川基础研究投入占比高于全国平均水平。

在2018年度国家科学技术奖励大会上，由四川主持和参与完成的32个项目获得国家科学技术奖，涵盖了国家技术发明奖、国家科学技术进步奖、国家自然科学奖三大种类。获奖项目涉及电子信息、新材料、生物医药等领域，数量超过全国获奖总数的十分之一，位列西部第一，全国第六。由此可见，四川的科技创新能力走在全国前列。未来，基础研究和应用基础研究的工作将得到更大支持，也将有更多科技成果转化在成都发生。

四维度构建产业生态体系

在良好的基础条件下，完整产业链对于经济的带动变得尤为重要。如果只有研发，没有生产，那么产业链的不完整就会对经济发展造成阻碍。而在新经济发展路线图中，成都就明确提出了“六大经济形态”和“七大应用场景”，为新经济的产业发展路径提供了思考和样本。

在评述成都的提法之前，我们可以先考察全球范围内各区域在新经济领域的尝试。从全球看，除中国外，新经济以美国、德国、以色列和新加坡等地最为活跃。美国以“原创产业”作为支点，推进新经济发展，德国以“智能制造”为主推动新经济，以色列以“创新创业”为主推动新经济发展，新加坡以“政府主导”为主推动新经济发展。这四个国家结合自身优势，都走出了一条属于自己的发展道路。而在国内，北上深杭的发展模式也不尽相同。北京是以创业为驱动力，促进新经济发展，上海以“四新”为引领发展新经济，深圳则依靠电子信息产业优势，杭州以“互联网 +”为战略依托。

伴随着新经济的实践，在理论界也出现了四种主流观点：新经济增长理论，主张科技和知识是最重要的生产要素；新经济周期理论，主张新经济形态的出现使得经济本身的波动越来越平缓；新经济增长源泉论，主张随着新经济的发展更多的陈旧经济准则行将失效；S 曲线理论，主张新动能带动新经济引领新常态。

这四种理论和国内外的实践，为成都的战略构想提供了诸多有益思考。谋定后动，成都在提出路线方案时，第一步便是量体裁衣——摸清自身的产业优势。按照成都新经济发展研究院执行院长周涛的观点，成都的产业优势主要集中在三大领域：生物医药、电子信息以及现代金融。医疗健康产业主要依托于华西医院，电子信息凭借多年的积累已经是优势产业，而在金融方面，成都正在打造西部国际金融中心。这三大领域在人才的储备也十分充裕。电子科技大学、四川大学华西医学院、西南财经大学为这三大领域输送着高素质的专业人才。

成都提出的“六大经济形态”则是在这三大产业的基础上，基于资源禀赋、产业基础以及对未来发展方向的判断提出的整体规划。其落脚点在产业培育和场景应用上，并将构建新经济产业体系放在了核心地位。

我们可以从四个维度对六大经济形态进行考察。

第一个维度是技术领域的突破，特别是颠覆性的技术突破。首先是数字经济，作为新经济的重要组成部分，数字经济利用互联网融合提升经济效率、催化新技术新业态，既包括以云计算、大数据等新一代数字技术为基础的增量市场，也包括与传统产业转型升级相结合盘活的生产消费存量市场。数字经济裂变的新动能新业态，是新经济发展的重要引擎。其次，从欧美发达国家实践看，智能制造是新经济发展的主攻方向，以智能制造为主导的现代产业体系是新经济高质量发展的重要支撑。智能经济正在深刻改变人类生产生活方式和思维模式。着力发展智能经济，建设综合性国家科学中心，成为成都破局新经济的重要路径之一。

第二个维度是新的商业模式，包括流量经济和共享经济。成都提出提升流量承载力、提升流量控制力、提升流量运作力，高度重视流量经济发展，旨在通过流量盘活存量，逐步提升成都对高端生产要素的吸附力和整合力。是为新经济持续发展蓄积动能、输送养分、信息融通的有效保障。而共享经济是一种“不求拥有、但求所用”的新型经济形态，旨在盘活经济剩余的新经济模式。它既符合当前供给侧结构性改革要求，又激发了消费者的潜在需求，可以形成中国经济发展的新动能。大力发展生产性、生活性、公共性服务共享经济，重视激活城市经济剩余，既能提高资源有效利用率和生产服务供给能力，又能实现社会价值和经济价值最大化。

第三个维度则是国家重大战略的变化，这里特指绿色经济。党的十九大报告指出，要推进绿色发展，加快建立绿色生产和消费的法律制度和政策导向，建立健全绿色低碳循环发展的经济体系。成都推动绿色资源的转化利用、发展绿色产业、推动绿色生活，既是全面贯彻新发展理念的实践，也是新经济可持续发展的保障。绿色经济有两大拳头，其一是大力发展绿色产业，着力发展生物材料、石墨及碳素材料等关键性、战略性新材料，打造国家级新材料高新技术产业基地。其二便是聚焦节能环保领域，大力培育绿色消费文化，建设绿色消费体系，在城市建设中加大新能源、新材料、节能环保产品开发利用，改造提升垃圾收集处理及利用产业，积极发展绿色交通、绿色餐饮、绿色住宅等绿色业态，加快建设宜居生活城市。

第四个维度则是消费升级，居民消费水平的提高，才催生出了创意经济。成都提出要着重培育具有“蜀”味的原创 IP 经济。大力促进知识创造、大力推动创意设计、大力发展创意体验。

我们可以看到，四个维度相互交织相互融合，共同构建出新经济产业体系。成都市所提出的新经济，不仅仅是一种经济现象，也不完全是一种技术现象，而是一种由技术到经济的演进范式、虚拟经济到实体经济的生成连接、资本与技术深度黏合、科技创新与制度创新相互作用的经济形态。而成都的提出的“七大应用场景”，则分别从服务实体经济、建设智慧城市、推进科技创新、推进人力资本协同、消费升级提档、推进绿色低碳发展、供应链创新七个角度促进新经济落地。

拿什么吸引人才与技术

40 年来，深圳从一个小渔村发展成国际化大都市，深圳模式不可复制，深圳拥有的比较优势和局限条件，是国内任何一个城市无法比拟的。不过，深圳在创新产业的发展路径可以为我们所用。相比之下，成都尽管处于内陆，不沿海不沿边，但在过去 40 年的改革开放中，已经走出了一条内陆创新发展道路，如今在经济新常态的大背景下，成都要怎么走？新经济要怎么腾飞？说到底，还是离不开产、学、研三个要素。

深圳成功的因素之一在于毗邻香港，香港的信息成本低、人才优势大，在香港进行技术研发后，到深圳来量产，这为深圳的创新提供绝佳的支撑。成都也是如此，成都大学资源众多，基础科学研究不断增多，其中有一点因素很重要，成都在吸引人才与技术的文化氛围非常浓厚，成都是一所包容的城市，包容意味着开放、自由、共享，这与互联网精神极度吻合，因此，你会看到，当年的手游产业在成都非常繁盛，如今，电竞、创意、音乐、艺术等产业在成都异常发达。

与我们交谈的成都新经济人，说到成都印象，会不约而同想起“美食”“休闲”“灵动”“快乐”“包容”这样的词汇，成都有着丰富的自然资源，又充满创新活力，当这两者融合到一起，便成就了柔软的力量。

对于成都本地人而言，即便远走他乡，会依然觉得这里是抹不掉的美好画卷，画卷上的色彩诉说着他们对故乡的无限依恋。

因为着迷于这里的柔软力量，众多来此旅居的外乡人，最终都留下来安家立业。在成都留下足迹的“蓉漂”可直接追溯到古代：卓文君家族移民蜀国，将北方的冶铁技术引进成都，成为一代富商；

杜甫骑马到成都，悲喜交加，写下《成都府》《茅屋为秋风所破歌》等诸多名篇；李商隐、白居易、陆游等大诗人都在成都旅居，形成“天下才人皆入蜀”的盛况。商贾成功之后，众人开始兴建会馆、祠堂。四川的会馆在清代时达到2000多个，在当年留下一句“争修会馆斗奢华，不惜金银亿万花”的竹枝词[①]，就是为了表示：“我们在成都创业成功了！”可见，自古以来，成都的包容文化就为各路创客提供了丰沃的土壤。

城市的发展离不开各领域的高素质人才。他们的到来，让成都的土壤变得更加柔软有力。在自然、创新的氛围中，创业者们挥洒自如，为成都的发展提供了源源不竭的动力。

包容文化与移民文化

在著名学府四川大学的校训上，写着“海纳百川，有容乃大”，短短八个字，不仅道出了四川大学的办学理念，更萃取了这座城市的文化精髓。成都的包容，为许多在这里打拼的年轻人带来不同于北上广的归属感，这种包容的氛围并不是后天形成，而是自古就有着深厚的历史根源。

成都的包容性从何而来？

---

① 竹枝词，一种诗体。

这一问题的研究要追溯到成都的移民文化。自建都以来，成都在历史上历经 8 次人口大迁移，其中以“湖广填四川”影响最广。明末清初 30 多年间，蜀地战乱不断。据《四川通志》记载：蜀自汉唐以来，生齿颇繁，烟火相望。及明末兵燹之后，丁口稀若晨星。康熙初年，朝廷任命张德为四川巡抚。他看到曾经富饶的天府之国变成一片荒地，内心忡忡。康熙七年，张德向皇帝呈上奏折，提出要重振四川天府之美名。朝廷听取了他的意见，力推移民政策。由此，湖南、湖北和广东等地居民纷纷移居四川，填补了人才缺口。

移民的到来，为成都带来了新的农作物和生产技术，还为本地文化带来了新元素。比如，川菜的形成是采百家之长，川剧的诞生则是集“五腔共融”。[①]

历朝历代的移民迁徙，让不同的文化在这里碰撞和融合，也让五湖四海的人找到了归属。在历史长河中，成都的包容犹如涓涓细流，形成了润物细无声的独特魅力。“海纳百川，有容乃大。”他乡之人游历蜀地，也能快速融入。这座城市身上蕴含的“容”，为创业者们带来了强烈的归属感。

2009 年，中共成都市委、成都市人民政府发布《关于促进普通高等学校毕业生创业就业的意见》（以下简称《意见》）。《意见》指出，高校毕业生如果自企业注册之日起，在 3 个月以内正常经营，政府

① 辜波．探寻成都新经济的文化基因 [N]．成都商报电子版，2017-11-24.

将一次性给予 5000 元创业补贴；对于创业自筹资金不足的企业，可申请不超过 5 万元的小额担保贷款。这是成都在 21 世纪之后第一次颁布关于引导大学生创业就业的政策文件。

在当时，《意见》的颁布让"大学生创业"一时间成为了成都的标签，整个城市各大区都在积极兴建大学生创业园，成都也从这个时候开始，爆发出创业活力。许多在外工作的年轻人看到这个机会，纷纷来到成都进驻创业园。这其中，就有咕咚创始人申波。

申波是四川人，但曾长期在川外工作。回成都之前，他在上海工作了 5 年、在新加坡工作了 8 年，之后又在美国短暂停留。长年辗转不同国家地区，让申波具备了开阔的眼界和包容的性格，这与成都的气质极为贴近。

2009 年，还在外资企业做架构师的申波与网友司建铭约在宜家见面。两人志同道合，都热衷于钻研技术，第一次见面相见恨晚，便决定一起创业。当时正值创业热潮，成都市政府大力支持大学生创业，多个区县都在建立大学生创业园。"凡大学毕业五年内的学生都可以申请，官方为创业者提供免费办公场所，帮助申请人注册公司"，申波的合伙人恰好符合资质，于是他们很快申报了高新区的创业项目。

向相关部门提交申报材料后，申波及其创始团队获得了园区的免费办公场所，以及 60 万元中小企业创业基金。当时申波入驻的创业园是“高新技术创业园”，园区便利的服务和对创业的大力支持，加速了他们离职创业的决心。“如果没有当时的政策和福利，我们也会创业，但可能会慢一点。”2010年，申波和合伙人便各自离职，下定决心开始了创业之旅。

蜀才回流不止申波。大地量子创始人王驰，麦子学院创始人张凌华，锐成芯微创始人向建军，极米科技创始人钟波等一批优秀的企业家，都带着浓烈的故乡情，回到成都创业。

成都的魅力不仅吸引着在外的游子，外来人才也成为这座城市重要的新经济力量。在本书采访的诸多新经济企业中，35%以上的创始人都来自川外。

2017年8月到2018年11月，成都吸引高学历青年人才超过24万人，全市人才净流入率位居全国前三。据2017年发布的成都人才蓝皮书显示，截至2016年底，近5年留学归国人员约1.6万人，其中国家“千人计划”专家169人，省“千人计划”专家672人，创办的企业超过4000家，总投资1000余亿元。[①]数联铭品BBD执行总经理尹康在讲到公司的人才招聘时便提到，在大数据领域每年有大批“海归”前来应聘，“很多人回国前会主动联络我们，想要定居成都要加入BBD。这为我们公司带来了大量具有全球化视野的优秀

---

① 成都市同时发布成都人才蓝皮书和白皮书[EB/OL].(2017-12-13). http://www.chengdu.gov.cn/chengdu/home/2017-12/13/content_d698c388afd649ea95235262b1aa6520.shtml.

人才。”

作为一座国际化大都市，成都也云集了大量外籍人才。据 2017 年发布的《海外人才画像大数据报告》显示，成都海外人才分布比例为 2.08%，在“新一线城市”中位列第一，排在第二的是杭州，占比为 1.64%。无疑，成都已成为外籍人士最受欢迎的城市之一，亦是众多创客创新创业的首选城市之一。

在留学生和海外人士纷纷融入成都的背后，是地方政府不遗余力地大力推动。成都高新区每年都会举办“天府人才行动 · 海外行”活动，在美国硅谷、韩国首尔、德国法兰克福、瑞典斯德哥尔摩、加拿大多伦多等地吸纳人才。2016 年 9 月，高新区推出《“菁蓉 · 高新人才计划”政策》，设立了总规模达 10 亿元的人才资金和两支投资基金，专门用于招募海外英才。2018 年 2 月，高新区发布“金熊猫”人才计划 50 条，面向全球招揽顶端人才。诸如此类的人才吸引计划不一而足。

人与城市相互追求相互成就。群贤毕至，为成都带来了无限活力。成都多元的文化氛围也接纳着各色创业者。

创新来源于生活，发展于生活

在二级市场投资者眼中，基本面的分析或许还不如去观察妻子喜欢购买什么样的商品更来得直接，在一些投资者和企业家眼中，他们经常捕捉生活中的细节来做判断与决策。

在我们看来，创新也是一样的道理，人生活在环境中，不断与环境进行互动，脱离于环境的创新不是好的创新。创新来自于生活，而成都在生活方式上影响了一批新经济人。

空间劣势变小，生活方式的优势便凸显出来。能够在相对舒适的环境中奋力拼搏，这是一种幸福的状态，这样的状态使得成都新经济人具备强大的内在驱动力。创业者不是负重而行，而是发自内心地进取向上。对于他们来说，生活和创业没有绝对的区别，两者融合一体，极具弹性。在天府软件园这样的高新技术产业园区里行走，可以明显感受到紧张、平静、焦虑、不安、轻松、喜悦等情绪混合而成的独有氛围。从来往人群的表情中，可以看到他们在坚韧中不失自在的态度，其中蕴藏着张弛有度的智慧。

在与多位创业者交流时，我们问了同一个问题："成都偏居内陆，生活安逸，您是否觉得人才的视野因此受到限制？"在诸多的回答中，大家对成都创业环境现状都有着相似的看法：成都与一线城市相比仍然存在一定距离。

一位创业者讲道："成都相对安逸，北京、上海相对更前沿。在前沿资讯、尖端技术等方面沿海一线城市确实更加领先。这些差距在产业会议、人才结构等方面都有表现。"

但是另一方面，差距也意味着机会。在我们采访过程中，不少

医联北京

创业者提到，成都的创业环境正倒逼成都的创业者具备全球性跨区域配置资源的视野和能力。不少企业把总部设在成都，但是他们在全国甚至海外都设立了办公室或分中心，以此来整合不同城市的优势。就如同一位创业者在接受采访时提到的，如果打开创业者的航空路线图，“显示出的飞行轨迹绝对很漂亮”。成都独角兽企业医联在北京、上海、西安等多个城市都设置了分中心。而从事半导体 IP 开发的锐成芯微则在美国等地做了全球布局。信息技术和交通的发展，缩短了空间距离，成都深居内陆的区位劣势也因此进一步缩小。

对于很多创业者来说，成都的优势不仅在于独特的文化基因和浓厚的创新氛围，创业成本优势也是他们衡量的核心要素。申波在上海工作时，就有过创业的念头，但基于创业成本的考虑，最终选择了放弃。但是在成都，创业的“试错”成本较低，创业团队的物质压力较小，这使得他们能更好地专注于产品。咕咚落地成都回归故乡，较低的创业成本正是决定性因素之一。

洋葱视频的创始人聂阳德选择成都，也是基于类似的现实原因：“我们最开始是想如何活下去，那就是要如何思考成本。成都在这一方面很占优势。”此外，公司的发展需要静下心来专注深耕。

在成都，休闲的生活方式与紧张激烈的创业过程，形成了一股特殊的张力。这让创业染上了一层匠人般的执着与专注，而少了一份浮躁与焦虑。既勤奋高效，又韧性十足。紧凑不混乱，在忙碌中不失生活乐趣。所谓张弛有度，正是让创业者在激烈的竞争角逐中不要失去创业的本心。

慢下来的创新

艾尔平方创始人李姝洁曾经在成都短暂工作，后来转战北京，但最终回到了这里，谈起成都，她很难说出具体的感觉：“我就是喜欢成都，那是一种感觉，不需要太多理由。”对于李姝洁来说，成都就是她的第二故乡，她在这里找到了自己的伴侣，两人一起并肩作战，还认识了自己的事业伙伴。在这块充满灵感的地方，艾尔平方的团队一起做出了《十万个冷笑话》系列和《镇魂街》等爆款作品，成为国产动画界的标杆。

相比快节奏、竞争几近残酷的北上广，成都与生俱来的慢生活气息，很容易让人静下心来创造价值。很多创业者就是看中了这一点，于是来到这里开启自己的梦想。比如，成都极米科技创始人钟波在创业时，毫不犹豫地选择了成都。在他看来，比起北上广这些城市，成都的人文环境更为静心，未来市场潜力很大，非常适合沉淀下来安静研发产品。于是，在一座位于成都郊外的毛坯别墅里，极米团队同甘共苦，拉开了电视革命的序幕。

不止钟波一人感受到了成都让人心安的内在美。抱有同样观点的人，还有优客逸家的创始人刘翔。他是重庆人，之前在北京工作多年，但经过一番思考后还是选择到成都创业。其中一大原因是，他的妻子十分喜欢成都。“她对生活比较有追求，不希望节奏太快、太浮躁，所以不太喜欢北京。但到成都以后，很喜欢这里的包容和热情”，刘翔坦言，自己在北京待久了，心境难免也有些浮躁。“北京机会很多，这固然是好事，但也很容易分散人的注意力。而成都在这方面就不一样，没有浮躁感，可以更加专注工作。”

对于诸多创业来说，成都的慢生活更容易让创新发生。优质内容创作与运作机构考拉看看创始人马玥，在第一次来成都之后，便下了离开北京，移居成都的决定。她卖掉了北京的房子一路南下，想在这里圆她的梦想。许多成都新经济人有共同的感觉，他们说这里能够让人找到初心，并且执着坚守。

“我们现在非常怀念 2014 年在创业场的时光，在地下室一层 30

平方米的小隔间，地方虽小但是免费，开会就去旁边的创意咖啡馆，”医联的资深员工、政府事务部高级总监张欣说，虽然条件简陋、艰苦，但却充满了幸福的希望。就在创业场不见阳光的地下室，创业不久的医联创始人王仕锐受到了时任国务院副总理马凯的接见。如今，医联早已搬到了天府软件园内的新办公楼，办公面积数百平方米，但在讲到起始的地方时，张欣仍有一些激动，“那里就是发源的地方，公司的一些早期员工会很有感触，包括老板自己，他现在也会去转转。”

在张欣的话语里，能够感受到她对创业场深深的归属感。天府软件园创业场的前身是天府软件工作室，成立于 2007 年 9 月，是西南地区最早一批专注于互联网创业孵化的孵化器，也是中国移动互联网领域最活跃的双创载体和平台之一。在十年时间里，这里累计孵化项目 1100 余个，走出了医联、咕咚、极米、Tap4fun、Camera360、麦子学院、鲁大师、狮子吼等领先科技企业。

目前，创业场已形成覆盖资金、人才、圈子、市场、创业辅导等方面的全方位培育计划。比如，经过评选入驻的初创项目可以免费入驻一年时间，还会获得 5 万～ 500 万的创业启动资助。吸引创业者来到这里的，除了一些硬性政策扶持，还有 5 块钱一杯的创意咖啡、不定期举办的球赛、主题沙龙活动等等软环境服务。在这样的软硬件环境中，创业团队会产生一种原本就属于这里的感觉，他们在这里踏实做事，斗志昂扬地为明天而奋斗。

2015年，王仕锐在接受动脉网采访时讲过，成都更容易让人静下心来做事情。当时，医联在北京、上海、广州都设立了分公司，运营以及产品团队外迁，但技术团队仍然留在成都。除了成都具有IT技术以及人才优势外，包容创新的土壤也更有利于专注研发。

2 第二章
个体：理想者的韧度

能够驾驭未来商业和未来经济的创新创业者，首先需要迎接认知挑战和思维革命。回顾从第一次工业革命时期至今，我们发现，领导者和先行者最先打破的是自身的意识形态，在蒸汽机发明之前，人类无法想象还有不吃草的“马车”存在；在没有电的诞生时期，人类更不能想象信息能够实现同步远程传输；在人工智能、大数据、5G 实现之前，人类更不知道通过感应可以实现万物互联……

21 世纪最伟大的挑战来自于人类自己，技术突破是催生商业、经济、文化、社会各个领域变革的基础，创新者亟待重新审视自己，我们作为一种怎样的个体存在？如何在未来新经济时代发挥作用？我们如何从当下穿透到未来？

从访谈过的企业创始人身上，我们发现，这一批新经济人身上能看到一些基本的特质：第一，连续性的实践探索家，大多为精英创业者、商业倡导者并长时间地沉浸于学习。第二，他们往往是国家大战略的追随者、现象捕手，有对环境的真实感知以及超前预判力。最后，未来新经济需要探索，就像是驶入无人境地，没有风向标，也没有领航员，在这场新经济探索中，如果想赢得未来之战，必须有笃定的行动和绝地反击的能力。

刻意练习的实践探索家

《异类》作者马尔科姆·格拉德威尔提出“一万小时定律”，认为对于量的积累，理论上可以应用于所有学科和领域。他认为人们眼中的天才之所以卓越非凡，并非天资超人，而是付出了持续不断的努力。“只要经过 1 万小时的锤炼，任何人都能从平凡变成超凡。”格拉德威尔肯定了持续学习的重要性，认为知识不但需要积累还需要“新陈代谢”，人们只有保持持续学习的习惯，最后才能成为“天才”。

但实际上，持续训练受到多方面因素影响。如果花一万小时做重复性的工作，中间没有任何的升级优化，那么第一小时的训练效果和第一万小时相差无几。在成都新经济人中，我们发现了许多天才级的人才，他们在某一领域有着优于他人的天赋，但这不是他们脱颖而出的唯一原因。除了有极高的天赋之外，他们还专注于练习，并且持续精进，这样的成长路径使得他们的“下一个小时”都更具价值。天才，也自磨砺出。

连续创业者

迅游科技创始人袁旭第一次创业是在 14 岁。

作为国内第一批接触互联网的人，袁旭小学三年级便在自己父亲的单位库房里接触到了一台其他公司用来抵账的 386 计算机。他对这台大玩具着了迷，整个暑假都沉迷在 DOS 人机对话中不能自拔。父亲为了督促他学习便和他约定，只要考上雅安最好的中学，就给他买一台个人电脑。之后，袁旭认真读书，终于在初中一年级拥有了一台电脑。

袁旭拥有电脑的时候，计算机和互联网还是新鲜事物，特别是在四川雅安这样的西部城市，个人电脑更难得一见。那个时候的网络也不似现状这样发达，网络通讯费十分昂贵。袁旭整日沉迷在网络世界，短短一个月时间就花出去2000元。袁旭的父母对此大发雷霆。

此后袁旭被父亲限制上网，但他对互联网着了迷。他把所有的课余时间都花在了网络上，还通过给网吧老板做技术员来换取免费的上网时间。当时最吸引他的是一种叫做“网络泥巴”的文字 MUD，这是网络游戏的雏形，高级玩家可以通过简单的编程来体验竞争的乐趣。对于袁旭而言，这款游戏如同早期的编程训练，为他的第一次创业埋下了伏笔。

1998 年，14 岁的袁旭建立了自己的个人网页“四川网盟”，这在当地迅速成为了热门地域网页。随后，他又与网友一起开设了“江湖聊天室”。为了提高聊天室的互动性，他把文字 MUD 的部分功能移植到聊天室，让聊天室的人物可以有自己的属性。这一改进让聊天室的用户迅速增长，袁旭开始思考如何才能丰富聊天室的趣味性。作为一名游戏玩家，袁旭把目光投在了游戏机制上。他引入游戏里的道具功能，尝试在聊天室里出售虚拟道具，结果大受欢迎。这一尝试让袁旭在初中时便赚了 20 万元。

巧合的是，也是在 1998 年，另一款聊天工具正式上线。这款名为 QQ 的软件在短短几年后成为中国用户量最大的社交平台，它的开发者是日后在互联网圈鼎鼎大名的马化腾。

就在 Pony 站长大战 MSN 时，袁旭顺利进入了雅安当地最好的高中。在他整个高中生涯里，他仍然保持着“非典型”学霸的求学模式：除了上课听讲学习，其余时间都花在了游戏上，高中毕业后，袁旭顺利拿到了北京大学计算机系的录取通知书。在高三结束后的那个暑假，袁旭依然全身心投入到网络中。他发现当时网通和互联的矛盾非常严重，因此开设了雅安第一个双线 IDC 机房。凭借这一项目，袁旭又赚了约 40 万元。这在常人看来实在难以想象，袁旭流露出的天赋让人惊叹。

学生时代两次成功的创业尝试，让袁旭发现了自己的创业才能。在北大求学期间，老师教授的知识他早在中学时期就已经掌握，枯燥无味的课堂始终不能引起他的兴趣，反倒是四川老家的创业项目更让袁旭激动。在和家人商量后，袁旭决定休学，大一一结束他便离开了让无数学子魂牵梦绕的北大。我们不知道在作出决定的那一刻袁旭内心的真实想法，或许时隔多年他自己也已经忘记。但是这名年轻人展现出的决断力着实异于常人。每年从四川考入北大的学生不过百名，能把数万分之一的机会轻易放弃的可能仅此一人。数年之后，人们会在报纸和网络上读到他的故事，但在当时人们对他的决定只感到遗憾。

回到雅安之后，袁旭把所有精力都铺在了双线 IDC 机房上。由于他的机房比北京同类机房收费便宜近一半，因此生意十分火爆。在短时间内机房的规模也从居民两居室，逐渐发展为地上三层、地下两层的小楼。但是做机房并不是一个有核心竞争力的事业，不少对手入局这一领域，激烈的市场环境很快便显现出来。同时，由于受到宽带资源的限制，机房规模很难进一步扩大。于是在 2005 年左右，袁旭和他的创业团队便开始寻找转型方向。

四川人极强的娱乐精神给了袁旭灵感。在互联网刚刚普及之时，成都就诞生了一批游戏公司。多年以后开发出《王者荣耀》的天美 L1 团队，其前身便是在 2005 年成立于成都。作为“网瘾少年”，袁旭知道在游戏中最糟糕的体验便是“卡机”，如果能够解决这一问题，一定会有很大的市场前景。他和伙伴商量之后，决定选定游戏加速器作为转型方向，并于当年成立了迅游科技，公司总部也设在了成都。袁旭及其团队开发的“迅游加速器”，把网游数据从互联网中剥离出来，从而解决服务端到客户端的游戏提速问题。2015 年，迅游科技成为了四川省第一家上市的互联网公司。

迅游科技的成功不是一蹴而就，袁旭花了近十年的时间把公司做上市，其背后是从学生时代便开始的长期尝试。在当时看来，袁旭的每一步都带着运气的眷顾，但是每一次短暂的经历都为他提供了继续“玩”下去的动力。

我们在采访新经济企业时发现，不少创始人在学生时代便开始了第一次创业尝试。虽然许多经历都带有游戏性质，但很早就锻炼了他们的创业才能。大地量子创始人王驰在初三时成立了社交网站“成外梦网”，这是一个类似于校园 BBS 的网站，主要“让同学们吐吐槽，写写树洞小话”。最开始运营这个网站的只有王驰和身边几个朋友，但是很快便发展成 50 多个学生一起共事。在尝试接广告和赞助之后，“成外梦网”每月可以带来 2 万元的收入。这一段经历与其说是创业，不如说更像是社团运营，但是不断尝试在一个人成长的早期，却对他的未来产生了潜移默化的影响。王驰在加州攻读博士的时候，坚定了自己创业的动机，也许正因在初三那年，这颗不安分的种子就埋在了他的心底。

在创业的角斗场上，不乏袁旭、王驰这样“早慧型”选手，年纪轻轻便纵横捭阖。但是更多却是磨砺多年的“老将”。源本生鲜创始人徐晓晨在进入生鲜电商之前，还有过两次创业经历。早在北航上大学的时候，徐晓晨就开始接触 Ebay 平台，在两年之内就做到了

Ebay超级大卖家，并受邀出席Ebay全球峰会，担任中国讲师。2008年，中国电商行业爆发，徐晓晨加入了高速发展的阿里巴巴，参与数据分析和产品运营相关工作。3年的时间，他不仅置身于中国电商的辉煌时代，还一直在寻找属于自己的创业机会。

工作之余，徐晓晨一大爱好就是美食。2012年夏天，徐晓晨来到成都旅行，当时恰逢欧洲杯，他最热爱的球队遗憾败北。虽然心情郁闷，但是给徐晓晨留下深刻印象的却是那天看球时吃的卤菜。川卤麻辣鲜香，不仅让他赞不绝口，更拨动了他创业的心弦。徐晓晨便决定留在成都试吃各家美食，研究卤菜的做法。

这次偶然事件成了他的创业契机。2012年9月，徐晓晨第一个创业项目"卤辣辣海鲜辣"正式开业。他将这一品牌定位于创新料理，打算利用自己最擅长的互联网运营方式经营卤菜这门传统生意。不到半年，"卤辣辣"就成为成都排名第一的海鲜辣卤门店，获得权威美食媒体五星评价。成都是美食天地，这是一块可以继续开垦的沃土。2013年，徐晓晨又创建了"亲手亲食"美食分享社交平台。他把社交和美食相结合，为用户提供美食指南和资讯。在"亲手亲食"上，汇集了12名米其林厨师，500多名美食达人，这在当时属于较为创新的商业模式。

这两次在美食领域的创业，不仅让徐晓晨收获了财富，积累了创业经验，更让他对食品行业有了深刻的认识。2014年6月，当他因为一次偶然的聚会，结识了在食品安全领域工作多年的刘川江时，一个更大的机会出现了。

毕业于电子科技大学计算机系的刘川江曾负责完成多个城市的食品质量安全流通追溯体系建设和智慧城市的顶层设计工作，参与了商务部《肉类蔬菜流通追溯体系城市管理平台技术要求》的撰写，对食品行业的流通产业与信息化技术有深入研究。

刘川江向徐晓晨分享了自己的工作见闻。这些经历让徐晓晨敏锐地意识到，在农副产品的流通领域存在着巨大的机会。另外，徐晓晨在电商、互联网营销积累了多年经验，和具备专业知识的刘川江十分契合。意气相投又能力互补的两人很快达成共识：他们要通过创业践行自己的梦想——让人们吃上放心菜。

2014 年 11 月，徐晓晨开始了第三次创业，源本生鲜正式成立。公司致力于“提升农副产品流通效率与食品安全防控能力”。在刚起步时，两人的切入点是生鲜电商。

生鲜是电商最后一片蓝海，当徐晓晨摩拳擦掌时，正值 O2O 创业热潮，许多创业者都将业务伸向了生鲜配送领域。但是许多“新手”完全忽略了这片蓝海背后蕴藏的杀机，就算“老兵”如徐晓晨也表示自己“尚未摸透这一领域”。当时，许多创业者以为疯狂烧钱和补贴，就能拿下市场，但是停止补贴用户很快就会“背叛”平台。生鲜领域复杂的供应链环节和极高的货损率更是给了创业者致命一击，这不是一家小小的创业公司玩得起的游戏。

这一块又一块的“暗礁”戳破了无数创业者的“甲板”，徐晓晨凭借敏锐的商业嗅觉以及风险管控能力，小心翼翼地驾驶着航船穿过了激流险滩。2015 年年底，他开始利用大数据技术进军食品安全溯源领域，公司将曾经的对手远远抛在后面。

如果说每一位年轻船员都能穿越微风细浪，那么当风暴来临时，只有经验丰富的老船长才能决定船该驶向何处。这三位创业者，共同构建了连续创业者的画像：足智多谋、激情澎湃、信念坚定、享受过程。创业也是一件需要不断练习的“功夫”。他们身经百战，熟悉商海的气候和洋流，能够让船驶得更远。

精英创业与专家创业

纵观我国创业进化历程，改革开放后第一批和第二批创业者分别是个体户创业和公职人员“下海”。在四川，刘永好曾靠卖鹌鹑蛋起家，红旗连锁掌门人曹世如原本是国企职工。他们能够迅速崛起，除了自身能力外，更是赶上了中国资本市场刚刚开放，物资匮乏百业待兴的机遇。但是时过境迁，最初由资源短缺产生的市场利益逐渐消失，取而代之的是一个消费者越来越注重品质，需求不断升级的市场。在这样的市场环境下，对创业者的要求也就越来越高。

如果我们将“创新”进行简单归类，按照重要程度可以大致分为

BBD 董事长兼 CEO 曾途

从 0 到 1 的突破性创新和从 1 到 N 的增量式创新。从 0 到 1 阶段，往往只有极少部分天才才能完成。Windows 系统和 iPhone 手机都开启人类生活新的时代，但是比尔盖茨和乔布斯世间仅此一人。从 1 到 N 创新不需要特别突出的原创性，但是这就意味着在信息高速传播的今天，创业随时面临红海竞争。红海竞争更加惨烈，它对创业者的领导力、执行力、资源整合能力、人脉关系等多方面都是严峻考验。

在这两种背景之下，“草根”创业正逐渐走向“精英”创业。特别是在以新技术为支撑的新经济领域，这一趋势更为明显。

BBD 创始人、董事长兼 CEO 曾途在大学读的是电子商务专业。毕业后，他任职东亚银行旗下的一家咨询公司，后来又在一家技术公司担任董秘。大学期间深厚的学术功底，加上长期在专业领域的工作实践，让他对大数据技术有了深刻认知。

2012 年前后，曾途在一次国家项目上结识了大数据科学家周涛。这名年轻的 80 后教授是成都电子科技大学大数据研究中心主任，当时他已经在学术圈声名鹊起，成为四川省最年轻的特聘教授。一个在数据应用层面经验丰富，另一个在技术领域钻研颇深，两人相识十分投缘。

当时周涛已经创办了大数据公司“数之联”，不仅为地方政府和企业做大数据顶层设计，还孵化各垂直领域的大数据项目。而在品牌服务领域，大数据技术也可有一番作为，所以曾途、周涛和尹康三人，便成立了专门为客户提供品牌服务的大数据公司——成都数联铭品科技有限公司。[1]

2013 年 7 月，成都数联铭品科技有限公司（BBD）成立。大数据属于前沿领域，BBD 的核心团队均是该领域的翘楚：首席技术官是中科院出身的丁国栋博士，首席风险官是行业顶尖的金融专家、四川省千人计划袁先智博士，首席征信官是在人行拥有资深经历的朱劲杰女士，及其所带领的征信团队都曾是专业征信机构的骨干人物，还有全球知名风险管理专家李祥林博士，四川省千人计划周凡吟博士，新锐经济学家陈沁博士，统计学专家吴师成博士，大数据标准化研究专家

① 成都数联铭品科技有限公司在 2015 年后主营业务为大数据金融服务。

任渝博士等。

专家属性不仅是管理层的标签，BBD 的普通员工也属于专业型人才。据公司执行总经理尹康介绍，BBD 有近 7 成员工是硕士及以上学历，其中包括 40 余名博士。平均年龄只有 28 岁[①]。从学科背景来说，公司人才的专业方向包括金融学、数学、物理学、计算机科学、统计学、哲学等，既有基础学科，也有应用科学，整体呈现复合型结构。作为一家智力密集型企业，人才是其最大的资产。

在专家型人才的推动下，BBD 已经完成了多个国内大数据领域创新实践项目。包括推出动态全息画像工具，建立商务行为风险基因解读体系，以及研发解决小微企业融资难的大数据小微信贷金融产品，这些一直是关系到金融进步的难题。正是因为企业团队的高度专业性，才攻克了一个又一个不可能完成的任务。

工业级无人机研发生产商傲势科技，其创始人郭亮也有着“学霸”“精英创业者”标签，连续两年（2016 年和 2017 年）被《财富》杂志评为“中国 40 位 40 岁以下的商业精英”。这位年轻的 CEO 从小就着迷于军事和航空航天知识，房间里遍地可见航空书籍和飞机模型。小学的时候，家乡四川雅安市曾举办了一场老式战斗机的展览，但由于门票太贵，小郭亮只能趴在展览外墙上远远观望。当时他萌生了人生第一个梦想，成为一名飞行员。但是这个愿望在郭亮高三

---

① 该数据为 2018 年 12 月采集。

傲势科技创始人郭亮

那年落空了，他没有通过飞行员招募考试。上天飞行的愿望虽然不能实现，但对于飞机的热爱却始终如一。带着这份热情，郭亮被南京航空航天大学飞行器设计专业录取。

“遵从内心从小对航空航天知识的狂热喜爱”，郭亮这么评价自己的专业学习。在强烈的内心驱动下，郭亮在南航完成了本硕博的学习，走到了象牙塔的塔尖。博士毕业后，郭亮如愿从事着飞行器设计工作，他开始探索航空前沿科技的落地应用。2015 年，郭亮在成都创立傲势科技有限公司，致力于面向全球各行业提供无人机系统解决方案。

成都本身就是国内航空航天领域高地，区位优势在三线建设时期便已经奠定。成都当时留下了实力雄厚而又覆盖全产业链的航空产业设计研发机构。以著名的成飞集团为例，这是我国研制、生产歼击机的重要基地，著名的歼 -10、歼 -20 便诞生在这里。郭亮将公司落户成都，是精英创业者和最优区位因素的结合。

在资本市场，精英创业者也越来越受到资本青睐。特别是在 VC 阶段，不少著名天使投资人考察项目的重要指标之一，就是创始人背景和资源。我们翻开医联的融资历史，创始人王仕锐在资本市场的炙手可热一目了然。短短 4 年时间，融资金额超过 17 亿人民币，投资方均为国内一线投资机构。

医联公司融资分析表

轮次	时间	交易金额	投资方
天使轮	2014 年 8 月	300 万人民币	策源创投、PreAngel
A 轮	2015 年 2 月	数百万美元	红杉资本中国
B 轮	2015 年 9 月	4000 万美元	腾讯产业共赢基金、云锋基金、华兴资本
C 轮	2017 年 12 月	4 亿人民币	中电健康基金、华兴新经济基金、腾讯产业共赢基金、红杉资本中国
D 轮	2018 年 7 月	10 亿人民币	中投中财、红杉资本中国基金、中电健康基金、华兴新经济基金

数据来源：企名片

据说，王仕锐在回国参加博士论文答辩的飞机上，准备了一份 20 余页的商业计划书。在还没有产品雏形的情况下，就受到不少投资人的关注。当然，这一方面和美国互联网市场的对标产品有关系，美国最大的医生社区 Doximity 拥有超过 100 万名医学专业人士，是名副其实的行业巨头，再结合当时国内医疗改革的情况，投资人看到了医联项目成为独角兽的可能。但另一方面，王仕锐的履历也让投资人无可挑剔：他以高考状元的成绩考入四川大学华西口腔医学院。八年时间本硕博连读。读博期间赴美在哈佛大学做研究学者。他在口腔医学领域具备极高的专业知识，同时有着强大的医生资源，这让他撬动医生用户群体变成可能。求学期间，王仕锐以联合创始人的身份参与了“抹茶美妆”的创业，作为中国首款化妆品导购应用 APP，产品上线后发展十分迅速。这也让投资人看到了他在学者外表下的另一重面孔：杀伐果决、强悍执行。王仕锐并非一个纯粹的学院派创始人。

投资人颇具慧眼。经过短短四年的发展，医联通过直接连接医疗机构、药械厂商、商业保险三大端口，跑出了一条集医生社交、药企合作、在线问诊、电子处方于一身的全套产业链运营模式。2018 年 6 月，医联完成了 10 亿元 D 轮融资，估值超过 70 亿元，跻身独角兽行列。医联公司和腾讯还合资成立了“企鹅医生”，王仕锐兼任企鹅医生 CEO。如此创业成果，让王仕锐在 2016 年和 2018 年两次入选《财富》中文版“40 位 40 岁以下商界精英”榜单。

在张欣看来，长期的学术训练培养了王仕锐极强的学习能力，他能“通过事物表现看到本质变化，形成了自己的战略能力”。张欣在 2014 年经朋友介绍认识了王仕锐，这名 28 岁年轻人身上的“冲劲儿”打破了她对医学博士的刻板印象，而王仕锐的战略能力和对互联网医疗行业的深入分析让人折服。当时医联只有一张办公桌和三名“借”来的员工，但是即便如此，张欣还是毅然决然地选择加入。一名优秀的领导者如同一股飓风，会将周围志同道合的人全部卷入其中。如今医联不仅汇集了各领域的医学专家，还吸引了不少跨国药企高管加盟。

在科技创业领域，有两大趋势我们不容忽视，其一是以人工智能、物联网为代表的信息技术产业，其二便是以生物医药、生命科学为代表的大健康领域。不论是哪一个趋势，精英创业都在回归。从表面上看留给“草根”创业者的机会越来越少，但是实际上精英创业提高了创业成功率，降低了创业成本，节省了社会资源，这一点在未来创业潮中会愈发明显。

信奉商业逻辑与本质

在《商业的本质》一书中，杰克·韦尔奇谈到，无论是从事体育，还是从事商业，都是为了一个目标：赢！这是他对商业变革进行反思总结后的重要结论，商业的本质是为了“赢”。赢不仅仅“好”，而且是真正的“伟大”。公司只有赢利才能可持续发展，人也才能取得长足进步。在一个“赢”的企业里，员工能够感受到雄心在燃烧，付出的努力得到了回报，他们可以用商业模式捍卫着自己的价值理想。

一个优秀的创业者一定不是空中楼阁的建造者，他首先保证的是自己的根基稳固。所谓根基一定是深扎在商业逻辑之上。

洋葱视频创始人聂阳德的第一份工作是在杂志社做编辑，这一段经历给他贴上了媒体人创业的标签，他自己也常讲："我身上有文人情怀，有新闻记者的理想。"在读大学时，他很爱看电脑方面的杂志和书籍，平时也帮同学修电脑，后来成为了 IT 杂志的专栏作者。那时候，他的职业梦想是当一个自由撰稿人，靠码字谋生。大学毕业前，他已经写了十几本书，发表了上百万字的作品。2003年，他进入《现代计算机》工作，这是广州中山大学的计算机科普杂志。入职两个多月后，他就被提拔为评测组主任，后来又担任过编委等职。

和许多平面媒体人一样，聂阳德骨子里有一种文人的自豪和执念。因此，当网络媒体在 21 世纪初刚出现时，他认为这一新生事物成不了气候，平面媒体的地位不可撼动。这时候，《现代计算机》杂志已经成为业内最具影响力的媒体。然而，看似有着强大话语权的平面媒体正在被新事物侵蚀，信息体系正在被重塑。

2006 年，聂阳德明显感觉到了网媒对平面媒体的冲击。"平媒用户在流失，广告越来越少，用户流向了太平洋电脑网、中关村在线等网络 IT 媒体。"2007 年，在强烈的危机感中，他离开杂志社，进入教育培训领域成为一名职业经理人，操盘过 EMBA、成人高考等项目。没过多久，他发现了新问题："我们把招生工作交给了第三方机构，相当于把利润交到了别人手里。结果别人赚了很多钱，操持整个运营流程的我却没挣到钱。"聂阳德说，虽然自己也懂 SEO、SEM 等互联网宣传手段，却只能眼睁睁看着那些掌握流量的招生机构挣得盆满钵满。

2012 年，聂阳德想明白了一件事——"我觉得自己要有突破，要真正拥抱互联网。"如果说离开杂志社是被迫转型，那么这一次就是他主动为之。在纯粹的文人情怀和互联网商业之间，他用行动作出了选择。"既然要彻底改变，我就选择了一个很俗的行业，至少在媒体人看来是俗的。但却最接地气，也是当时最火的电商领域，而且是竞争最激烈的女装行业。"2012 年，聂阳德成为一名电商操盘手，既和供应链的工厂打交道，也要做品牌运营。

这一次主动拥抱变化让聂阳德收获良多，他熟悉并掌握了电商运作的整套流程，还参与操盘电商孵化园区建设。此时，他已经从媒体人成功转型为互联网人。在电商领域的顺利发展让聂阳德感觉到"选择互联网是对的"，更宝贵的是，这些年的经历，为之后洋葱视频的商业变现打下了坚实基础。

无疑，聂阳德身上具备媒体人的诸多品质和能力，比如嗅觉敏锐，热爱前沿，敢于尝试新事物，擅长营销等。同时，作为一个电商人，他懂得"有流量就能变现"这一要领。这样的双重身份促使他在2016年再次转型，创立洋葱视频，并很快在短视频站稳脚跟，使洋葱视频成为打造超级达人IP的“黄埔军校”。

2018年，大多数短视频机构还处于只赚流量不赚钱的混沌期，洋葱视频却已盈利，每年营收数亿元。聂阳德说：“我最早就在想如何变现，既然是创业，就要拥抱商业，不变现就活不下去。我们做出爆款视频不是为了好看，而是要给电商引流变现。”

当其他短视频机构找不到流量变现的载体时，洋葱视频却在创业之初就打通了电商渠道。

“在我们可控的、熟悉的领域里，电商的商业化价值比较高。而相较于图文等其他形式，短视频能够为用户带来更直观的感官刺激，在电商变现的商业模式上有着得天独厚的优势。”聂阳德在深圳组建了两三百人的电商团队，打造了完整的电商运营体系和组织架构，包括研发实验室、用户运营部等。在洋葱视频的商业闭环内，热点IP带来流量，流量导入到电商，产品销售就能直接获得商业收益，从而加快IP批量复制的效率，然后持续引入流量。

除了电商变现之外，洋葱视频还创立了整合营销机构“洋葱互动”。通过整合行业KOL资源，制定品牌营销传播方案，放大IP的商业价值，帮助IP高效率地商业变现。聂阳德笑称，自己已经完全放下了文人的骄傲。

“现在的我是商业公司的经营者，我更需要获得商业收益。所以我反复提醒自己，应该追求好的变现效益，要不断探索新的商业模式，合理优化商业结构。”

新商业需要拥抱新技术、新思维，只有那些敢于创新、敢于自我革命的人才有可能在新的战场获利。即便要和自己做斗争，他们也义无反顾。在原创动画行业不景气的时候，艾尔平方创始人卢恒宇和李姝洁也曾在原创项目和“糊口项目”之间徘徊不定。“我们利用闲暇的时间去做一些创意漫画，并不奢望赚钱，只是单纯把这件事当作创意出口。”后来为了坚持原创，两人甚至从动画公司辞职，抱着“两人吃饱，全家不饿”的心态成了 SOHO 一族。

然而，就是这样两个为了理想可以过穷日子的人，在创业后把“唯利是图”作为了第三原则。李姝洁说：“我们是学艺术出身，但并不排斥商业，经营角色和创作者身份并没有轻重强弱之分。”李姝洁坦言，开办公司不赚钱就是不负责任，商业和艺术完全可以两者兼顾。她举例说，创作《十万个冷笑话 2》的时候，在广告植入上团队下了一番功夫。一方面满足了广告商的要求，将广告做出了创意，另一方面还为剧情增加了亮点。

李姝洁谈道：“大家做内容 IP，基本会考虑两个方向：一是游戏，一是院线电影，这是目前最常见的变现渠道。但事实上打造一个内容 IP，不一定非要从哪一个环节开始，一个游戏做好了，得到了市场认可，也可以视为一个 IP，再去开发漫画或者小说。市场上比较常见开发小说与漫画的IP，是因为试错成本较低罢了。相较之下，动画制作的成本多一些，但却是我们最擅长的表达方式。”

对于动画行业来说，“走出困境”就是能够盈利赚钱。动画公司需要找准观众需求，生产出精品内容，这是艾尔平方一以贯之的追求。如今，艾尔平方扎实的创作能力，凭借《十冷》系列和《镇魂街》等动画的热度被市场检验。这也正是腾讯注资艾尔平方的关键原因。

聂阳德和李姝洁是受访企业家里面，为数不多的文科或艺术学科出身的创业者。在这个强调技术的时代里，他们一边坚守着人文和艺术理念，一边用商业捍卫着创造的价值。

长时间地沉浸于学习

世界上有两种创业者。一种是天生的，很早便知道自己的使命，具有很强的目标感。比如阿里巴巴掌门人马云和创办小米的雷军。而第二类创业者，则是通过后天的学习选择了创业。超有爱科技创始人欧阳丹认为自己是第二类人。

据欧阳丹的同学、超有爱科技CFO余昊讲述，中学时代的欧阳丹虽然聪明但是十分顽皮，“他就是那种被安排坐在讲台下面的问题学生”。那时的欧阳丹活泼好动，过于拘束的课堂压抑了他的天性。在当时的强调死记硬背和应试的教育模式下，欧阳丹感受不到学习乐趣。这种状态一直持续到大学毕业，改变发生在英语学习上。

为了准备考试，欧阳丹有意识地背记单词。这件事让他第一次体会到了学习的乐趣，学习产生的自我效能感让他上瘾。或许也正是因为这次经历，为他日后做出国民级英语单词学习产品“百词斩”埋下了伏笔。欧阳丹从一个厌学的学生蜕变为嗜学的书虫，这让多年之后再见到老同学的余昊大吃一惊，余昊在欧阳丹身上感受到了孜孜不倦的求知欲。

欧阳丹很少对外接受采访，在有限的网络报道中，有一篇由中国社会科学院副院长张江教授撰写的博客十分有趣，这篇文章记述了张江教授拜访超有爱科技公司并和欧阳丹交流的经过。在他们的交流中，两人没有局限于公司经营管理这一单一命题，而是面向了更广阔的哲学世界，比如他们谈到了复杂性科学、自指等概念。张江在文中刻画出了欧阳丹强烈的好奇心。

通过不断的学习，欧阳丹实现了自我成长和超越。在 2012 年创办超有爱科技之后，他把学习基因也注入到公司中：每一个新入职的员工都会得到一份新人大礼包，其中包括一部 Kindle 和 500 元亚马逊读书卡，员工在公司的购书款都可以凭票报销；在公司内部培训上，团队还制作了一套“系统思维课”，是从之前的工作实践中提炼出最底层的思维方式进行讲解。这门课程是对公司的高管、Leader 和行业大咖进行采访和交流，然后逐渐形成的一个垂直领域较为深入的课程，作为内部资料供员工学习和分享。

不仅如此，超有爱科技公司还把读书活动列为每年年会的主要活动之一。2017 年年会，超有爱科技包下了三亚一家酒店，欧阳丹带着团队在这里举行了为期五天的读书活动。这种营造高密度知识氛围的方式是行之有效的学习方法，如果要深究某一领域的知识，欧阳丹往往会在短时间内阅读数十本相关书籍和资料，从而建立起某一领域较完备的知识体系和话语结构。

不仅是对于创业，欧阳丹持续学习的精神值得每一个人学习和借鉴。在当下，科学技术渗透到我们日常生活的方方面面，我们这一代人要勇于面对机器人社会、人工智能社会的到来，必须要直面生活的不确定性，只有这样，才能在未来社会立足。从事无人机研发的郭亮对此认识十分深刻，他认为拥抱未来的基础“就是需要持续不断地学习”。2015 年傲势科技公司成立，两年时间里举办了 20 余场专题读书会。郭亮认为读书是最直接也是最有效的学习方式，从书中汲取营养，开阔视野，可以进一步提高创业者的科学素养和创新能力。通过读书会，员工也可以进行交流沟通开拓思维，更好地解决工作当中遇到的问题。同时，思想的碰撞让企业凝聚力和创新力也进一步增强。

郭亮想将傲势科技打造成美国臭鼬工厂[①]一样保持高产和创意的

① 臭鼬工厂（英语：Skunk Works）是洛克希德·马丁公司高级开发项目（Advanced Development Programs）的官方认可绰号。臭鼬工厂以担任秘密研究计划为主，研制了洛马公司的许多著名飞行器产品，包括 U-2 侦察机、SR-71 黑鸟式侦察机以及 F-117 夜鹰战斗机和 F-35 闪电 II 战斗机、F-22 猛禽战斗机等。

企业。这不仅是他的理想，也是每一位创业者的理想蓝图。在新经济时代，知识的产生和迭代速度呈几何倍数增长，真正考验创业者学习能力的已经不是知识的积累量，而是知识“新陈代谢”的速度。对于他们而言，基业常“新”才是永恒追求的目标。

善于捕捉商业机会

“世事的起伏本来是波浪式的。人们要是能够趁着高潮一往直前，一定可以功成名就。要是不能把握时机，就要终生蹭蹬一事无成。”莎士比亚道出了把握机遇的重要性。在新经济时代，信息流动效率大幅度提高，变幻莫测的商业社会更加瞬息万变。敏锐，成为创业者最重要的品质之一。

奥地利学派代表人科兹纳认为，企业家精神的本质表现就是对机会的敏感。我国经济学家张维迎也指出，企业家的基本功能有两个：第一个是发现不均衡，第二个是创造不均衡，而不均衡即为机会。被法国许多企业界人士作为“修道”圣地的伊西学院，总结了企业家获取成功的八大秘诀，“善于捕捉机会”作为企业家基本素质被排在第一位。没有商机，就没有创业。许多企业家似乎天生就有识别机会的直觉，能够想别人所不敢想，做别人所不能做。

在对成都新经济人的研究中可以看到，那些拥有机会直觉的人，具备一些共同特质。首先，他们具备崇高的动机，不仅为财富而奋斗，也为头顶的星空，这样的动机会沉淀为企业价值观，推动企业不断成功。在做决策思考时，直觉往往来自于一个人的价值观，是他内心最真实的想法。其次，善于捕捉商机的人拥有战略思维，具有系统性、全局性的思考力，这样的能力使得他们能够站在未来看未来，持续捕捉商机。最后，他们又有着敏锐洞察力，能够从现象背后找到机会，并从真实的感知中找到方向。

顺势国家大战略

2017 年 8 月 19 日，中央电视台《新闻调查》节目播出了这样一组镜头。记者来到了成都市的街道上，跟随着镜头，在成都熙熙攘攘的人群中，记者捕捉到一对欢乐的父女。

“大家好，这是我爸爸，叫汪剑超”，小女孩奶声奶气地介绍道。

“你爸爸是干啥的呀？”记者问道。

“我爸爸是收——垃圾的”，小女孩拉长了声音，笑得格外腼腆。

一旁的父亲听罢，也开心地得笑了起来。汪剑超戴着一副黑框眼镜，背着双肩包，俨然一副大男孩模样，他从事的是环保行业，在成都为许多小学、社区和园区提供垃圾分类回收的解决方案。“希望等我女儿长大，她会因为爸爸的努力让环境变得更好而骄傲”，汪剑超再一次面对镜头时这样说道。

10 多年前汪剑超从中科大计算机专业毕业以后，加入微软公司成为一名软件工程师。每天早上在上班途中，他都会经过一片垃圾场。春秋时节，北京西风呼啸，风一吹，塑料袋和纸屑便漫天飞舞，此景不由让路人眉头紧皱。

同时期，生活在北京的摄影师王久良在那几年陆续走访市里各个垃圾场，他拍下照片，并在地图上标注出这些垃圾场的位置。影集一经发布，立刻引起了很大轰动，“垃圾围城”的焦虑也深深触动着汪剑超。当他去美国出差时，这份触动更加深刻。

初到美国时，汪剑超表示内心十分震惊，硅谷气候宜人空气清新，街道一尘不染，他不由心生感叹。在微软总部食堂用餐后，他看到餐盘回收处摆放着四五个垃圾桶，这是汪剑超第一次见到垃圾分类的标识，一时间不知如何处理。一旁的同事告诉他：塑料瓶的水需要倒掉，然后扔进相应的垃圾桶，没有吃完的剩菜要扔进堆肥区域，易拉罐放进金属桶。汪剑超想起每天路过的垃圾场，仿佛找到了北京春秋季遍地纸屑垃圾袋的原因。

美国人口密度低，垃圾分类机制完善，美国模式可以直接复制到中国吗？中国从 20 世纪 90 年代便开始便提出要进行垃圾分类，但是过了十余年仍然停留在口号阶段，原因又何在？汪剑超陷入了更深刻的思考，只是当时他还没有答案。

转眼间十年又过去了，汪剑超来到成都，这些年他一直关注着垃圾处理问题。成都每天会产生 6000 多吨垃圾，一年的垃圾总量高达 290 多万吨，处理垃圾的方式都大同小异，一是焚烧，二是填埋，对环境的危害还是很大。汪剑超研究过，焚烧不仅会对空气造成污染，还会造成巨大的资源浪费。而垃圾填埋占地面积较大，很多填埋场为了节约成本，往往使用廉价的渗透膜，这会导致垃圾中的有害物质无法完全隔离，降解以后污染物渗透到土壤和地下水中，通过生物链和大气循环，最终又回到人体内。

“垃圾围城”触动了一颗赤子之心。汪剑超放弃了微软优越的工作环境，在成都和一群志同道合的朋友投身到了环保领域。2009年，他加入“绿色地球”行动，开始探索城市垃圾处理的解决方案；2017年3月，他成立了成都奥北环保科技有限公司，想通过可持续的商业模式让垃圾分类这份事业自我造血发展下去。

汪剑超投身环保事业也恰逢其时。经过多年的环保教育，市民们垃圾分类的意识已经具备，只是苦于没有合适的机构进行垃圾分类运营。曾经这份工作主要由活跃在社区街巷的拾荒者完成，但是随着城市治理机制不断完善和新兴就业机会（比如外卖）的出现，这一群体逐渐销声匿迹。垃圾回收变为了无主之事。

汪剑超及其团队的出现，正好填补了这一空缺。如果从商业模式上进行简单介绍，那么奥北环保实际上是把城市拾荒者的业务进行了公司化运营。

另外一个重要的外部因素是2015年的巴黎气候峰会。自哥本哈根和坎昆等多次气候峰会失败以来，巴黎峰会被国际社会寄予厚望，各国大有破釜沉舟，拯救人类于危难之势。历经艰难谈判，世界各国终于达成了“巴黎协定”，减少碳排放成为全人类共同目标。中国作为一个负责任的大国，在促成协定签署和落实会议成果上一直不断努力，这在成都的体现，便是新经济六大经济形态的提出，其中绿色经济是极其重要的一环。

汪剑超把握住了地利天时，奥北环保积极地与成都各中小学、社区、产业园区和单位机构合作，帮助他们进行垃圾分类回收处理。不仅如此，在乡村振兴的背景下，他们还深进入到成都周边乡村进行整个村庄垃圾分类回收的规划和运营。

对于未来，汪剑超非常乐观，这名自嘲为“捡垃圾的”创始人，正在践行着自己的环保理念。他把商业和理想融合，悄悄地改变着城市。

环境和农业问题制约着中国经济可持续发展，医疗改革也关系到国计民生。王仕锐博士在医院轮岗时，体会到了医生高压力、高强度、高风险的艰辛工作。许多同行每天工作十个小时以上，有时一台手术就长达八个钟头，全程注意力还必须高度集中，这对医生的体力和精力的消耗十分巨大。中国医生，是需要更多关怀和帮助的群体，王仕锐创业的动机之一，便是改善医生的生存状况。

2015 年 7 月和 9 月，国务院接连发布《关于积极推进“互联网 +”行动的指导意见》和《关于推进分级诊疗制度建设的指导意见》两项与医疗改革密切相关的文件，鼓励医疗机构积极探索互联网延伸医嘱、电子处方等网络医疗健康服务应用。同年 12 月，全国首个互联网医院——乌镇互联网医院（桐乡）有限公司成立。医疗行业正在迅速被互联网改造。

一时间国内互联网医疗健康公司多达上千家，呈现一片欣欣向荣的景象。实际上，医疗领域是一个高门槛、高壁垒的创业赛道，并非适合所有创业者，许多“玩家”只是为了赶上第一波政策红利，“捞足好处就走”。到了 2017 年国家政策开始收紧，互联网医疗迎来寒冬，再加上对行业的认识不足，不少企业只能转行或者倒闭。但是这一时期王仕锐创办的医联不仅幸存下来，而且还获得飞速发展。

企业发展壮大，除了有领导者对战略布局的正确判断和积极应对外，还有一个至关重要的原因，就是对整个全球化的发展与国家发展大战略的追随。医联的创立赶上了政策红利，张欣解释道，“中国的医疗改革是一个漫长而又艰辛的过程，我们想推动中国医改的发展，哪怕只有一点点。”正因抱着推动医改、改善医生生存现状的理想，王仕锐和整个团队在面临政策和市场变化时，才能坚守着自身的信念。他们相信自己抓住了国内医疗行业的痼疾，只要拼搏、耐心和坚持，便能拨云见日。

绝佳现象捕手

周坤在小时候便展现了敏锐的商业嗅觉：小学时他卖橡皮擦，

中学时卖墨水，读高中时他一个月的收入最高竟有一两千元，“比当时实习老师工资都高”。这份嗅觉，让周坤从小对经商保持着浓厚兴趣，让他在创业路上一路“折腾”。

2014 年是周坤个人编年史上重要的一年，这一年是他和合伙人王勉一起进入房地产大数据创业的第七个年头，生活的大部分时间和以往一样平常无奇。但是在机缘巧合之下，周坤认识了上海交大两名基因领域的教授，这两名资深专家告诉周坤，疾病与基因的关系已被医学实验证明，例如家族性癌症就可能与基因缺陷相关。同时，基因编辑技术的发展，为治愈重症带来了希望。而在两者间架起桥梁的就是基因检测技术，通过检测，个人罹患某种疾病的风险能够被测算。

这极大地引起了周坤的兴趣。自与教授交流后，他研究发现，国内外基因检测成本正在迅速下降：2001 年，全基因组测的成本是 1 亿美金；到 2006 年，这一成本下降到 1000 万美金，而到了 2014 年，成本只有 1.5 万人民币，这样的下降速度远超信息技术领域著名的摩尔定律。英特尔的创始人摩尔曾经提出，当价格不变时，集成电路上可容纳元器件数目，每隔大概 18 ～ 24 个月增加一倍，性能也将提升一倍，这已经是非常快的更新速度。根据摩尔定律的推算，基因测序成本直到 2013 年才能下降到 100 万美元，但实际上这一下降发生时间提前了大约 5 年（2007 年）时间。

上一次类似的经历还是 20 多年前互联网的发展。周坤在 1995

年的时候，第一次接触到通过调制调解器上网的互联网，到了21世纪初，国内市场又出现了包月的互联网服务，十年不到又进入了3G、4G时代，如今移动互联网在全球普及。

“这意味着普通家庭将能接受，基因测序的新兴市场将会爆发。未来人类生命一定可以被数据化”，从市场现象中，周坤激动地做出了预判。事实上，周坤并不是第一个发现基因检测领域存有巨大空间的人。早在2010年前，华大基因、达安基因和博奥生物等少数公司依托大学、科研机构，就已经进入到基因检测领域。不过这些巨头当时主要从事科研级和医疗级的基因检测，费用也高达上万元，服务对象主要集中在高收入人群。

放眼全球，在美国市场，服务普通消费者的基因检测已经比较成熟，其中最引人注目的是Google投资的23 and Me公司。根据2015年的数据显示，这两家公司凭借99美元的价格优势以及更快的报告速度，在2015年就积累了超过百万用户的基因数据，估值达11亿美元。

在中国市场，未来尽在眼前。周坤和王勉，对这一论断坚信不疑，周坤说：“美国的基因检测渗透率在五年时间里从0.1%上升到3.75%，而中国的渗透率不到0.03%。照此对比分析，我们觉得国内消费级基因检测的成长会非常快。”他们意识到生命科学领域的数据应用空间远比房地产市场大得多，未来每个人都应该会拥有自己的基因检测数据。2015年，二人合伙成立消费级基因检测公司23魔方，为C端消费者提供基因检测服务。截至2018年年初，已经有20万用户，这一用户数据超过在当时排名第二的同行50%。

作为23魔方的掌舵人，周坤从现象出发，捕捉到了市场机会，带领企业抢占先机。在未来的蓝图中，周坤将致力于提高检测质量、扩大产量，建立亚洲最大的基因数据库，为医学研究提供支持。

左鹏对现象的捕捉，带着资深媒体人的敏锐。2017年，左鹏和两位合伙人一起创立了“跳吧广场舞”，专门服务中老年广场舞人群。在此之前他在四川电视台工作，后来又和几位伙伴成立了一家制作公司，有次在策划一档关于广场舞的节目时，他意识到这是一个待挖掘的消费群体：全国的广场舞人数为8 000万到1亿人之间[①]，人均消费水平每月过百元。

除了这些干巴巴的数字，左鹏也想起了身边的经历。左鹏的母亲以前是一位文艺工作者，20世纪六七十年代做知青时，便在文艺团进行演出，后来知青返城进入到国有企业，渐渐失去了舞蹈专业训练的机会。左鹏记得母亲退休后，曾经尝试过跳广场舞，后来却由于种种原因母亲没有加入其中。“她一生都想要学习更专业的舞蹈，但是时代没有给她机会”。母亲直到过世也再没有出去跳过舞，“但我知道她内心是期望的”，左鹏每每想到此事便倍感伤心。

① 数据来源《中国广场舞行业研究报告》，2015年10月。

这份感情让他对广场舞领域情有独钟。广场舞曾因为“噪音”问题备受争议，但在左鹏看来，这些争议正说明了广场舞群体存在巨大机会，“社会没有为中老年人提供更多的娱乐空间和服务，那这份责任就落在商业公司的头上”。

在对广场舞行业进行深入调研后，跳吧团队在2017年5月推出“跳吧广场舞”App，并在线下推出了名为“跳吧盒子”的智能音箱和投影设备。左鹏团队希望通过线上与线下结合的方式，为中老年人提供视频教学、活动组织、电商等服务。“她们是被互联网抛弃的一辈人，广场舞意味着生命中最重要的也是唯一的展示舞台。”左鹏希望在每天晚上的广场舞时间里，跳吧的放映屏幕会陪伴着中老年舞者们，让他们在这里不仅能够学习舞蹈，还能展示生命的热情和价值，展示早年“被压抑的和对美的追求”。

感知消费变革

2012年，是安卓手机的爆发期。这一年前后，小米、VIVO、华为等品牌密集登场，韩国三星更是凭Galaxy系列手机独领风骚。正当此时，在三星工作的架构师张凌华却辞掉高薪工作，放弃了去硅谷工作的机会，回到成都创立了一家名叫“麦子学院”的公司。

“我那时候已经有了10万粉丝。”张凌华说。2011年，他在闲暇之时录制了一份安卓技术教学视频，取名为《Android深入浅出》，主讲安卓源码知识。没想到这一视频放到网上就吸引了百万人次下载，课程上线一个礼拜，没花任何市场推广费，仅靠口碑传播就创下了30多万元的销售业绩。

“回国前，视频的下载量就有两百万了，我一下子有了10万粉丝。”用户的热情回应无疑给张凌华带来了信心和勇气，也发现了商机，他抱着“试试这10万粉丝能不能变现”的想法，回到成都创业。在当时的中国，还没有与《Android深入浅出》同类的产品，张凌华凭借这一独家爆品顺利切入互联网教育市场，获得了原始用户。

洋葱视频也正是因为感知到用户的心理，才做出了爆款产品。“能吸引用户的内容产品必须要具备两种特质：能给人情感上带来慰藉，知识上带来满足。”聂阳德认为，“短视频是能够为用户创造价值的产品，而不是单纯的作品，它之所以火爆，是因为慰藉了人们焦虑的心灵。”

有的感知可以从现象中直接获得，而有时候需要到现象背后去体会。2014年12月31日，《十万个冷笑话》大电影上映，第一天就创下了3000万票房，总票房达1.2亿，这是中国动画电影史上首部票房过亿的非低龄动画电影，具有行业开创意义。电影中的无厘头爆笑情节令观众感到轻松快乐，但在影片导演卢恒宇和李姝洁看来，“挺挫败的，因为我觉得做得不好，对不起观众。”李姝洁说：“我们的很多想法没有得到实现。”

作为电影导演，卢恒宇和李姝洁主要负责剧本撰写、美术方向、声音表演、动画表演、声音设计和剪辑等前、后期工作。在“如初恋一般”的创作欲推动下，他们用一个月时间完成了第一版剧本的撰写，又用一个月时间和原作者寒舞、制片人等一起打磨出了最终的定稿剧本。为了尽全力保证影片品质，李姝洁提出了掌握最终剪辑权的要求，而这原本是属于制片公司的重要权力。电影上映时，李姝洁到电影院观看，身边的观众笑声连连，她却在思考，仅有剪辑权是不够的。她穿透欢乐的表象感知到，观众需要的不仅是这些。

“由于参与方较多，我们对整个制作过程的把控力度很弱。比如，场景是一家公司做的，原画制作是另一家公司，后期又是别的公司，每个环节的执行者不一样，他们不会完全照我们设定的想法来做。有的地方我们觉得还差点意思，制作方会觉得很好了，在理解上存在不可避免的差异，但我们当时没有实际的权限来把控。”

对观众的愧疚感让李姝洁内心产生了不满，也促使他们决定从一个精品团队转变为拥有全生产线的体系化运作公司。“要把一个电影做好，就要再上一个台阶，需要有自己的产能。从那时起，我们才开始对外叫艾尔平方，不再是卢恒宇和李姝洁工作室。我们着手做自己的产能，也开始思考怎么做产业线布局。”

一个好产品是如何诞生的？这是最引人好奇的问题之一。尤其在科技时代，网络上、书本上从来不缺此类问题的回答，而当人们沉迷在“别人的经验总结”中的时候，却忘了自己对用户、对产品甚至对生活的真切感知。在人人都是产品经理的时代，如果缺乏感知力，那么再精准的数据分析都无法挽救一款注定失败的产品，好的感知力会给人探索未知的信心，也会引导你在困境时找到突破办法。数据会告诉你结果，感知能让你找到原因。

超前预判：技术转化价值

2012 年，当小米手机火遍全国的时候，创始人雷军说，小米的生存之道在于利用大数据技术转化价值。在这时，距离未来学家托夫勒预测大数据为“第三次浪潮的华彩乐章”，已有 32 年之久。人们对大数据的认识几乎还停留在书本上，在应用方面谈不上什么成果。一年后，媒体才开始对大数据进行铺天盖地的报道，宣告“大数据元年”到来。即便是国内搜索行业的领军者百度，也只是在两年后（2014 年）才建立了百度硅谷研究院，专注于大数据研究。

而就在 2012 年，成都电子科技大学教授周涛创立了成都数之联公司，开始布局大数据生态圈。在短时间内，这位有着“天才少年”“最年轻教授”等美名的创业者，创立或投资了数联铭品、国信优易、DataCastle 等 20 多家公司，涉及工业、农业、人力资源、医疗等十个垂直行业，致力于为政府、企业和机构提供集数据采集、存储、管理、分析、挖掘和应用为一体的大数据价值发现全产业链服务。2018 年，公司总市值超过百亿。毋庸置疑，周涛对于大数据领域的布局十分超前，正因如此，他才成为大数据浪潮的先锋者。

咕咚创始人申波

从周涛的学术背景中，我们可以一探他独具慧眼识别蓝海的原因。17 岁时，他因物理竞赛和计算机竞赛成绩优异被中国科技大学零零班录取；在大学期间自学完成研究生课程后，他被保送到瑞士弗里堡大学物理系读博士，研究方向包括网络科学、信息物理、人类动力学、群集动力学；2007 年后，他专注于大规模网络的信息挖掘，在大数据挖掘与分析领域，特别是在网络数据的挖掘与分析方面成就颇丰；2012 年，他翻译的畅销书《大数据时代》正式出版。

咕咚创始人申波也是一位利用大数据技术转化价值的创业者，他在 2009 年就捕捉到了“互联网＋运动健康”这片蓝海。最初，他创立了咕咚网站，记录用户运动数据，接着在 2013 年早于小米、华为等品牌推出智能手环产品，而后又率先进入到运动 APP 应用领域。在“互联网＋运动健康”领域，咕咚俨然已是一名老将，总能比其他新入者快半步占得先机。

申波的身上结合了很多创业者的优质特点，他既有深耕精品的工匠精神，又在战略布局上充满狼性。对他而言，真正的挑战永远都在未来。咕咚自创办以来，一路平稳高速发展，这与申波果敢的性格、高效的战略布局、强大的把控能力密切相关。对于这一点，申波认为，对围棋的爱好一定程度上影响了自己的性格。

“这是一个注重大局的棋类，任何一步棋都要做局势判断。棋盘很大，每个棋子都是一样的，位置决定成败，落子必须深思熟虑。”

人们常说“人生如棋，一步错步步错”，在现实中虽然没有如此绝对，但对于训练有素的棋者来说，为了把控局势，必须练就缜密的思维。他们会刻意练习大局观、判断力，这样的能力在时日久后会内化为直觉，帮助他们提前预见局势走向，并快速地做出正确决策。

在企业战略中，围棋思维尤其重要，那些能够正确预判局势的人往往能成为领军者。迅游科技创始人袁旭分析谈道：

“迅游的成功源自对游戏产业的正确判断。从现在来看，我们 2005 年的预判都成为了现实，那些展望是超前的。比如，当时我们认为，竞技游戏一定会流行，交互式体验一定会被大家追捧，甚至成为唯一的选择。现在这些都实现了。”

新经济本就是一场棋局，身在其中的棋者要根据周围环境的变化做出最佳选择，构筑持续竞争优势。

勇敢者游戏

在《商业的本质》一书中，韦尔奇给出了企业遭遇“创伤”的六大疗法：直面创伤；留住优秀人才；基于数据认真分析影响成本、业绩与增长的因素；重塑战略流程；根据现实检查公司的社会架构；不做无谓的担忧。在他看来，企业遭受创伤是时常发生的意外。

创业就是在一次次创伤中成长，可怕的不是灾难，而是面对苦难时的无动于衷。错误、失败、损失都是在所难免的，重要的是要想办法在挫败中快速站起来，把伤害降到最低，再登顶峰。

马克·吐温曾说：“生命中两个最重要的日子就是你出生的那一天和你懂得生存意义的那一天。”那些找到生存意义的人，总能目光如炬地坚定向前，在他们的人生里没有失败，跌倒后只要能站起来就有翻盘的机会。在挫折和失败面前，他们不会退缩，更不会崩溃。他们认为失败是司空见惯的事情，每天都在发生，更知道结束意味着新的开始，并深信自己会变得更强大，从而愈加坚定地再启程。韦尔奇认为，无畏精神是一种稀缺的优秀品质。“要成为一个企业家，你需要极大的勇气、疯狂的激情和超出理性范畴的决心，忍受反复出现的近乎死亡的体验，在你的想法成为现实的过程中，这种体验肯定会出现。你可能好几次面临钱被用光的情况，你可能会犯愚蠢的错误，你的供应商和合伙人可能会欺骗你。你很可能不想睡觉，不需要睡觉，或者根本没有机会睡觉。”失败是每个创业者的必修课，每一次首创都会增加创业者和企业的韧性，只有千锤百炼，才可能勇往直前。

快速判断、坚毅笃行

行百里者半九十。刘翔在创立长租公寓品牌优客逸家时，每天必须面对全新的，但是又需要快速判断、做决策的问题。“最初我每天最怕的就是接电话”，他坦言道，自己在成都做的这件事，就是在新行业新城市，带着全新的团队从 0 到 1 的打拼，没有可参考借鉴的模式。当时优客在成都，自如在北京，青客在上海，这几家长租公寓品牌是最早一批“玩家”，彼此也还不认识，各自都是照自己的想象，在摸着石头过河。

除了做出决策、搭建团队这样的资源匹配外，刘翔在初期也频繁被琐碎的事情困扰。比如：房子的地段与出租难易判断，与房东如何谈判，甚至琐碎到装修部件该怎么选材。此外，还要计算收支，“如果你投入的太多，你根本就收不回来，或者你要把租金做得很高，但是如果租金很高，你的消费群体又承受不了，没有支付意愿。”如此繁琐的问题，每天犹如滚石般不断向刘翔袭来。

从繁琐的装修细节，到制定标准，虽然每天产生源源不断的问题，但刘翔带领团队，凭借着强悍的执行能力和学习力，在租房市场开始站稳脚跟。租房市场混乱，他想要通过创立优客逸家来规范市场的心从未变过，从第一套房子开始，刘翔就根据客户体验不断测试，团队每周都在进行检测，并积极改善装修方案，制定出一套较为完善的装修标准。

“我们会对整个房屋的使用情况、维修情况都做数据化的监测和统计分析”，刘翔说道，“根据统计分析得出的结论，用户在意的，或者说维修品质高的，我们会快速地去迭代后续的装修方案，所以这是一个持续迭代优化的过程。”优客逸家通过不断测试、倾听用户的声音，最终做出了一本多达上百页的装修手册，口碑也不断攀升。伴随着口碑上升的，还有刘翔面对种种问题时，渐渐表现出来的专业和经验沉淀。

2015 年，优客逸家迎来高节奏规模扩张，每个月拿下 700 套到 800 套房源。到 2016 年初，团队对原计划的 C 轮融资资本也比较乐观，这笔融资有将近两个亿的资金，所以刘翔依然坚持持续拿房。“其实当时账上的资金就只有三四千万”，刘翔回忆道，“如果我们每个月新拿 3000 间房，资金链可能面临断掉的风险。”按照每间房装修投入 3 万元计算，每个月新增 3000 间房，就意味着每个月都要产生 9000 万的账款。尽管当时情况紧张，但团队认为，企业各方面的发展数据势头都很好，股权资金也即将到位……

然而，5 个月过去，依然看不见资金进来，此时，优客逸家已经产生了 6000 万的欠款，还有七八千套房子没有钱装修。“这个时候必须要做决断了”，刘翔内心十分焦急，他强压住内心的焦虑，迅速召开董事会商量对策。会议开完，结论是立刻收缩拿房，解决资金窟窿应对欠款。

幸运的是，刘翔很快就遇到了解决这场危机的关键角色——华瑞银行，就在开完董事会的第二天，优客逸家的投资人就联系到了华瑞银行。与其说这是刘翔的运气，不如说是企业发展的必然。

当时优客逸家已经有 2 万多间房源，存量租约、未来的租金收益权超过十亿。“其实我们不是亏损，而是一种订单贷款，它是基于信用的”，刘翔解释道，“投资方一看我的历史数据，比如租金差、出租率，就能够判断出未来这些房子它能够有多少收入。”不难看出，如果没有刘翔大量的前期准备和一点一滴的积累，优客逸家就不会得到华瑞银行的信任。

除了良好的信用积累，刘翔早早就将企业的业务进行了线上数据化。优客逸家的房源信息、租客信息、房东信息、租约交易信息，以及租金的收付信息都是集中在系统里，而且租客与平台的收付款都是通过第三方支付，线上全流程均可被验证。刘翔或许并没有想到，提早布局数据化，在关键时候发挥了巨大作用。对银行来说，优客就是一家透明的风控系统，银行可以清楚地看到企业的资产信息是否可控，也能够估算出未来优客逸家的收益，不需要像别的企业那样必须要有抵押物才能拿到贷款。6 月，华瑞银行为优客逸家注资，解了其燃眉之急，这笔资金有定向用途，只能用来做装修，不过也足够公司坚持到下一笔融资的到来。10月，刘翔获得2亿投资，资金链困境终于解除，优客逸家也迎来了良好的发展势头，刘翔就此带领着团队稳步前进。

2018年，优客逸家开始致力于从自营过渡到赋能型企业，企业发展的底层逻辑发生显著的变化。作为长租公寓品牌，最基础的商业模式便是“二房东”模式，但是现在却正向赋能房东的模式演进。刘翔解释道，“赋能的思维其实就是网络的拓扑结构，我们围绕业主这个中间的太阳，调动公司的产品能力、流量能力、装修保洁能力和供应链能力，就像行星一样围着业主转动。这种一（业主）对多（多重服务能力）的一个拓扑模式会更灵活，也更具有商业想象空间。”

从迅速扩张，到险遭资金链断裂，再到峰回路转稳步向前，刘翔选择毅然前行。创业就如同一场修行，外在光鲜亮丽仿佛身处十里洋场，但是内心却要时刻面对孤独，要赢只能选择坚持。刘翔不是唯一一个修行者，也不是唯一选择负重前行的创业者。

至暗时刻的关键抉择

2012年到2014年，是麦子学院发展的第一个阶段，团队从1人增加到5人，后来超过10人，公司每年的销售收入都在成倍增长，而且利润率高。股东就一位，即创始人张凌华。

2012年，公司业绩就达到了250万元。张凌华说：“我们那时在业内很火了。”他讲了一个真实的故事：一个北京的学生去面试，别人问他怎么学习的，他说报了一个麦子学院的课程名，面试官说，那我考考你第三节讲的什么？学生回答了问题，结果面试成功了。

但就在发展势头正盛的时候，麦子学院遇到一个坎，差点没跨过去。当时他们邀请了一位上海的老师，与他合作课程，考虑到市场预热、加快变现等因素，麦子学院采取了预售的方式。“我们已经收了上百万元的预售金，结果老师‘罢课’了，说自己录不了。”从创业开始，张凌华一路走得比较顺利，这次危机是他遇到的第一个生死关卡。最终，麦子学院退了近 100 万元学费，对于一个刚起步的创业公司来说，这不是一笔小数目。

2014 年中旬，麦子学院完成了 A 轮融资，当时在线教育热火朝天。2015 年 11 月，麦子学院又迅速完成了由曲速资本领投、五岳资本等多家资本跟投的 B 轮融资。从资本来看，麦子学院的步伐走得非常顺利。然而，仅一年时间，麦子学院再次遭遇困境。2016 年到 2017 年，麦子学院亏损高达数千万元，这是公司第一次陷入严重亏损状态，之前两年，企业每年业绩能够达到 50% 以上的增长。

“那一年，我们真的是遭遇了滑铁卢。”谈及此事时，张凌华有一种经历波折后的淡然，他回忆说：“拿了大笔融资后，自己心态有点浮躁。我把营销业务交给了职业经理人，自己专心研发业务，结果发现这样是不行的。”

获得资本认可，得到资金本就是一件不容易的事，但更难的是，如何用好这些钱？毋庸置疑，投资资金应该用于企业更大的发展上，比如扩大规模、增强研发能力，都是可选的项目。

在大笔资金的支持下，同时为了让资本方看到可观的业务数据，麦子学院在营销上跃进了一大步：首先加大推广费用。比如，每月在某平台上的推广费有 80 万元之多。有了足量的推广资金，公司组建了近百人的电话销售团队。然而，大量的营销费用却没有促成足够的交易，“成交量非常低，当时获客成本和课程收费基本持平了，也就是说学员再多，也不赚钱。”另外，电销团队也因为管理不善造成了大量人力浪费。据称，仅 2016 年，麦子学院的营销费用就花出了 3000 万元。

在产品研发方面，麦子学院大手笔地招揽全职教师，顶峰时期人数超过 30 人。“老师的薪水是非常高的，而且还有很多兼职老师，我们给出的签约费也很高，另外还买入了很多课程版权。”张凌华总结说，麦子学院那时候走入了“只见投入、不见回报”的死循环。

面对企业走入了恶性闭环，张凌华无暇生出负面情绪，而是尽快弄明白问题出在哪里，快速采取措施去解决。“我告诉自己，作为创始人，要管好现金流”，张凌华回忆道。于是，经过一番思索和分析，张凌华开始做减法：首先就是梳理产品，从之前超过 100 门课程删减为 20 多个主打产品，从课程类型全覆盖回归到精品战略，通俗来说就是砍掉不赚钱的产品。“我们不能盲目扩张，一方面砍掉老旧的课程，另一方面做出具有竞争力的新品。”

除了在产品上做了精简，张凌华也从人员上做了大刀阔斧的调整：团队从 300 人逐渐减少到 50 人左右，砍掉了电销团队，保留主力人员。营销费用也大幅减少，最终维持在占营收 30% 的水平。

经历了这番波折后，张凌华明白了两点：第一，资本是重要的，但容易让人迷失；第二，千万不要被资本左右，创业者要坚持自己的步调。只有做到专注、聚焦，才能够在迷雾中看清前路。“我是典型的性子急、效率高的人，这其实会非常痛苦，”张凌华说道，“后来我慢慢调整，试着性子慢一点，但做事效率不允许低。我认为性子慢，效率高是最容易成功的。”这个总结不仅是张凌华在此次危机中的体会，更是他对自身心路历程的真实写照。

麦子学院的标志图是两颗麦穗，有着“学海拾穗”的美好寓意，学习就是这样，播种、成长、收获。历经一番起伏之后，张凌华对企业也有了广阔的愿景：改变中国的职业教育。“越深入这个领域，我越发现，百年育人实在是一件难事，可做的空间也很大，后来就有了改变中国职业教育的梦想”，张凌华说道。

在起起伏伏中，张凌华找到了一份初心。一些人拥有热情和梦想，是因为他们一直沐浴阳光，但还有一些人历经生活艰难之后，依然保持真诚的笑容，这就更加难能可贵。在成都的新经济企业中，我们从很多创业者身上都深深感受到了这份正能量。

从2017年夏天到2018年上半年，整个医疗行业的发展就像坐了一趟过山车，企业在这短短不到一年的时间里，尝尽了酸甜苦辣。得益于“互联网＋医疗”的政策红利，王仕锐看到了创业契机，抱着想要改变中国医生生活品质的愿景，创办了医联。

互联网医疗是一个全新的行业，而新生事物的出现总是伴随着争议和变化。这一点对于相关工作人员来说，体会至深，对于国家政府亦是如此。2017年上半年，王仕锐和几位创始人同行齐聚腾讯CEO会议，在会场上，所有人不约而同收到了各自公司传来的最新文件——《互联网诊疗管理办法》（试行）。“我们这个行业其实受政府和国家政策的影响非常大，”张欣说道，“如果国家政策稍微紧一点，我们这个行业就会有大的震荡。”而彼时王仕锐在会场收到的这份文件，其核心内容就是要撤销此前审批的互联网医院。

盛夏将至，但王仕锐和医联却迎来了发展寒冬。企业原计划在6月到8月启动并完成C轮融资后，将重心放在电子市场（E-Marketing），并创立事业部。如今，面对政策收紧，医联不得不跟着收缩业务线，甚至决议进行人员优化。那段时间，王仕锐承受着巨大的压力，连起床动作都变得缓慢。但即便如此，作为掌舵人，他却依然咬紧牙关，告诉一起的并肩奋战的同仁们：“没有问题，我们还有机会，巨大的机会。”

王仕锐把这个夏天称为医联的“至暗时刻”，而冲破这层黑暗，依然要依靠自己。扛得住寒冬，才能以更美好的姿态迎接暖春，在冬天里，如果只是心灰意懒地过着冬闲，供着双手等候春天，那一定会失去春天。

在煎熬时期，医联的合作伙伴、红杉中国董事总经理瞿佳牵头，为王仕锐介绍认识了中电数据的董事会秘书宋雨。几个人在中关村碰头，一场饭局下来，宋雨表示希望投资医联，展开深度战略合作。

王仕锐极深的思考、超前的认知、以及缜密快速的布局能力打动了中电数据，2017 年 12 月医联和中电数据签订协议，企业看到了冲破至暗的曙光。更令人欣喜的是，就在这个时候，医联经过长期周密的准备，在众多竞标企业中，拿下了美国制药龙头企业吉利德在中国的首席战略合作伙伴权益。

2018 年 4 月 12 日，国务院总理李克强主持召开国务院常务会议。会上，“互联网 + 医疗健康”措施得到认可，“‘互联网 + 医疗健康’，不仅是促进我国卫生健康事业发展的重要举措，也是助推我国经济社会发展的强劲动力”，李克强总理表示。

“我们现在活下来了，就迎来了非常好的机会。”张欣说道。经过一段时间的蛰伏，国家政策再次向互联网医疗行业敞开了支持的大门，医联经此一役，犹如凤凰涅槃，再度扬帆起航。对于成都新经济人来说，起落是再平常不过的事，不论是创业，还是人生，在起伏之间才会有成长。绝望之处会有希望之花绽放，真正经历过风浪的人，内心必然有着坚定信念。

快速反弹、走出困境

2018 年 10 月，成都已经入秋。这个夏天结束的格外早，左鹏感到了一丝凉意。这是一个星期五，员工已经下班了，办公室就剩他和另外两名创始人，他们今天晚上不得不做出决定，要让一部分员工离开。裁员是痛苦的，特别是裁掉曾经患难与共的员工，但如果不果断决策，企业命运堪忧。左鹏说："创始人不能感情用事。"

2017 年左鹏进军广场舞市场的时候，就知道挖掘中老年用户不是件容易的事。当时已经有一批"先烈"倒在了这条赛道上。

三年前，银发经济初现端倪，大福广场舞创始人方惠在当时发布了一份《中国广场舞行业研究报告》。报告里提供的两个数据牵动着创业者神经：一是中国有 1 亿广场舞大妈；二是中老年群体是万亿级市场。一时间不少互联网创业公司涌入了这一赛道，最多的时候，有将近 60 余个广场舞 App 上线。但是这 1 亿大妈可没给创业者好"脸色"看。针对线上时间屈指可数的中老年人，互联网公司原先那一套线上玩法不那么奏效了。而想依靠积累用户走电商道路的 App，更败给了这个消费观念十分理性的群体。

左鹏是看着这一批公司倒下的，所以作为后来者，他仅把线上作为一个流量入口，更核心的壁垒建立在线下。据他介绍，跳吧广场舞把眼光放在了线下的屏幕上，“我们线下推出的屏幕，不需要每个人直接操作。我们可以在后台对屏幕内容进行推送，用户也可以对推送的内容进行选择。简单来说，可以理解成为广场上的新屏‘分众’。”

虽然一开始便打定主意重推线下，但是具体玩法却也只能尝试。

2017 年 12 月，跳吧广场舞 APP 与四川广播电视台、成都市文化馆联合打造《耀舞扬威》舞蹈大赛。2018 年 5 月 26 日，跳吧广场舞在四川省体育馆举办了“岁月的力量”跳吧全球舞友嘉年华，邀请了凤凰传奇、乌兰托娅和巴蜀明星媛凤等多位明星，吸引了近万名观众到场观看……左鹏充分利用了自己广电媒体的资源和背景，希望通过影响力打造，将活动流量转变为线下活跃用户。但是实际效果差强人意，办一场舞蹈大赛，参赛的舞队实际上并非广场舞的核心人群，而“舞友嘉年华”则与用户的距离更远。

另外一个尝试便是做二级城市代理。当时跳吧广场舞成立了招商部，专门负责向二级城市招募代理商。很快左鹏便发现代理模式有很大弊端，很多代理商只想快速变现，但是服务中老年人是一件长期工作，“我们不能因为扩张而损害了用户的体验。”

随着业务扩张，队伍开始变得冗余。一年的时间不到，公司已经扩张到近 200 名员工，很多岗位的设置偏离了核心业务。左鹏、龚克和李霞三名创始人在办公室里不停地争论，讨论到深夜，接下来到底该怎么走？三人最后下了决心：砍掉招商部，裁撤部分运营人员，把主要精力集中在“跳吧魔方”的研发和地推上。“用最快的速度解决这件事”，周末一过，业务调整的通知便发到了各个部门，裁员也紧锣密鼓地进行。

左鹏回想起当时的情形坦言这是创业者必须经历的痛苦。“创业就是不断进坑的过程，聪明人掉的坑就少一些，笨的人就掉得多一些，又笨又不坚持的人掉进坑里就死掉了。”左鹏认为自己不是聪明人，但必须往前爬，一定要坚持走线下和智能硬件结合的路，“就是掉坑里了，也不能在里面等死”。

如其所言，掉坑并不可怕，只要能够快速反应，及时修正路线，就有可能从底部反弹，走上正确的道路。“跳吧”瘦身之后轻装上阵，左鹏按照既定的方案，在线下大力推广硬件产品“跳吧魔方”，很快在成都市及周边地区的广场舞人群中打开市场。

源本生鲜创始人徐晓晨具有一种海纳百川的沉稳气质，在谈起自己遇到的困难时，他的脸上丝毫不见情绪波动，多年的拼搏已经在他身上化作为了淡定、包容的特质。出色的学习能力、多年的专业积累和事业选择的笃定，种种优秀品质集合起来，让徐晓晨在面对困境时，拿出了一位企业管理者应有的魄力和沉着。“以前可能觉得很多事情是不能够妥协的，但是后来明白了，有时候并不是妥协，而是包容，这叫有韧性。”他同时谈道：“包容不是无条件的，有关价值观的事情需要坚定意志做下去。”

张世友是成都最早的互联网的创业者之一。刚刚接触互联网时，他和一名从硅谷回来的创业者合作。那时 Facebook 还没有诞生，他们一起在成都组建技术和运营团队，面向美国的用户开发了一系列社交应用。后来，他瞄准了法律行业，入主华律网。

虽然名义上是 CEO，但更像是“收拾烂摊子”的个体户：公司团队只有 5 人，办公地点是一个居民楼里的单间，场地小得连转个身都得“打架”。全公司每个月不到 3 万元的收入，入不敷出。股东和团队都人心思动。更难堪的是，作为一个网站，三天两头服务器崩溃，打开界面一片空白。而他们的竞争对手，那时已经发展成上百人的企业，旗下两个品牌，常年占据法律类网站的前两名。

队伍都快散了，仗还怎么打？在 2009 年的每一天，张世友站在狭小的办公室里，满脑子都在想着公司该如何生存下去。

他发现，公司最大的问题在于两点：一是团队成员不懂互联网推广，二是公司没有钱。

公司的收入来源是平台律师的入驻会员费。当时销售团队就 3 个人，每人每个月能给公司带来一万元的收入。这一万块钱，每个销售员可以提成 5%，剩下的除开维护费用，便是只够填饱员工的肚子。就算之前公司更换服务器，也是东拼西凑，四处借了 1 万块钱。现在，公司要发展首先得有钱做下去。

为了调动销售员的积极性，张世友把提成比例从 5% 提高到 30% ～ 40%。“以前销售员每个月 2000 元，得过且过，现在基本上对半开，干劲一下子就提高了。”第二月，团队收入竟然翻了倍，达到了 6 万。虽然 6 万不多，在当时却让散兵游勇般的团队看到了希望。

但是企业依然在死亡线上挣扎。在此之前，张世友一直在做美国的社交产品。它的用户群在美国，研发和运营团队在成都。习惯了美国人那一套互联网思维之后，张世友发现在应对国内用户时，团队竟手足无措。他开始每日每夜学习国内的互联网玩法，向行业内的大佬和领先企业取经。

也是在那之后，张世友才明白国内的玩法与国外的区别。美国市场成熟，用户的需求十分明确。而在中国就不一样了，用户登录网站之后，不会直接去咨询服务，而是会浏览相关信息介绍，试用了解之后才会进行消费。华律网的运营逻辑跟着变化：先做好内容，提供大量的法律信息，再针对有需求的用户提供服务。就这样，公司用户数和收入也慢慢起来了。在张世友的带领下，华律网挺过了“至暗时刻”。

2012 年，移动互联网逐渐兴起，张世友敏锐地觉察到“机会来了”。他开始带领团队研究移动互联网。张世友研究了一段时间发现，移动互联网显著的变化，是移动终端和消费场景的变化。张世友盯着智能手机上打开的网页，一直堵在心中的焦虑终于找到了出口。这就是华律网未来的发展方向。他组织团队，着手开发适合使用手机浏览的华律网网页，同时根据手机用户的阅读习惯，对网站信息在内容、显示长度等方面作了更精细的改进。

彼时，正值各大搜索引擎主推能够显示移动端的网站，作为第一批移动端网页的开发者，华律网被列为360搜索引擎的模板网页。产品推出后，华律网的用户数迅速增长，不出几个月，移动端用户数已经过10万。之后张世友顺水推舟，不仅收购了另外一家法律服务网站“律师365”，还推出了法律服务App“就问律师”。这成为华律网向移动互联网转型的重要的产品。

目前，华律网已经在中文网站法律分类中排名第一，为18亿人次普及法律知识。而且，在全国“互联网+法律”行业内用户占有率排名第一，是该领域的一家隐形冠军。张世友从零起步创业，承担着失败的高风险，一路勇闯关卡，选择战略方向，解决市场难题，又在时代机遇来临时灵活转型，造就了华律网在业内的地位。从生死竞速到绝地反弹，张世友用了近5年时间。他认为华律网的成功归结于勇气和坚持，破釜沉舟和脚踏实地是这个时代最为稀缺的一种品质。

创业是一场没有退路的冒险，在崎岖的道路上，只有大胆尝试才有可能踩准节拍，有时候会步履摇晃，有时候会跌倒，但即便走入绝境，也会有反转的机会。在与成都新经济人交谈中，总能感受到他们对世界、对生命、对科技和创业的赤子之心。对于理想的果决，让他们在遭受打击时能够快速起身再战。

3 第三章
技术：什么在改变世界

物理学家张首晟教授在为《文明之光》作的序言里提到过一个故事：亚历山大大帝征服埃及之后，在地中海沿岸建立起了著名的港口城市亚历山大港，并在城中设立了一座图书馆，誓要收藏全人类所有的知识和经验。当时的亚历山大城有一条规定：凡是进入城内的船只，必须接受政府检查，凡是有图书馆没有收录的书籍，都需要“充公”一年，待管理人员抄录完毕，重赏之后才可归还。日积月累，亚历山大城成为当时世界的科学与文化中心，各种新知识在这里汇聚。纵使帝国在亚历山大去世之后土崩瓦解，这座最完备的图书馆也成为这名君主最重要的历史贡献。

这个故事到此还未结束，这座图书馆在日后漫长的岁月中培养出了一大批先贤学者。欧几里得博览群书写出《几何原本》，托勒密上承亚里士多德革新了行星体系学说，“力学之父”阿基米德更是喊出了那句名言：给我一个支点，我可以撬起整个地球！这些在古希腊时期积累下来的科学知识，在文艺复兴时代大放异彩。在它们的推动下，新技术、新商业以及新的政治形态开始涌现，书写着一段段新的历史。

而在诸多新事物中，尤以新技术最为关键。医学技术进步延长了人类寿命，机械技术的进步解放了劳动力，航空技术让人类走进了宇宙深处，金融科技进步改变了交易方式……技术发展定义了生产力，而生产力决定了人类的生存能力。一切哲学、道德、伦理、法律、文化都是建立在生产力的基础上，也就是建立在技术发展变化的基础上。用技术改变世界，一直是人们千百年来孜孜不倦的追求。

今天我们已经不需要再像2000多年前，通过盘查过往的旅客，来搜罗新知识，也不需要再埋头纸堆皓首穷经，在这个信息时代，只需要鼠标一点，便可以网罗天下知识。如此，新知识的传播变得更高效，加快了技术的迭代速度。同时，新知识、新技术的应用和迭代也越来越快速。在不到50年的时间里，互联网技术就改变了世界，从生活方式到商业生态，再到人类思想，世间万物都由此改变，这足以表明技术的强大生命力。

1996年《商业周刊》使用“新经济”一词便是指代以信息技术为核心的新型经济模式。如今，技术的撬动力量带来了更多的惊喜，打开了更多的未知，以大数据、人工智能、虚拟现实、区块链和3D

打印等为代表的技术浪潮，不仅改变着人们的认知，也塑造着世界的形貌，其重要性将远胜于土地、资本等其他生产要素。

这股技术浪潮还呈现出三大特征：首先，在未来的技术革新中，数据是不可缺少的基础要素；其次，技术持续升级变得愈发重要；第三，技术研发与商业应用的间隔时间更短。

纵览全球，在工业时代被远远抛下的中国，如今正处于科技的浪尖。中国正将人类命运带往新的黄金海岸，而雄踞西部的成都也正成为逐浪的舵手。

数据为王

1997 年，在第八届美国电气和电子工程师协会（IEEE）上，迈克尔·考克斯和大卫·埃尔斯沃思发表论文《为外存模型可视化而应用控制程序请求页面调度》，在文中首次使用“大数据”这个概念。

2000 年，加州大学伯克利分校发布研究成果：将每年四大物理媒体（纸张、胶卷、光盘和磁盘）产生的原始信息由计算机存储量化，即所有信息可以用计算机内存单位表示。随着每年数据量犹如火箭般的速度扩大，“大数据”也正式成为海量信息流的代名词。

经过数十年信息技术的发展，人类正在从 IT 时代过渡到 DT 时代。最显著的特点便是，数据从工具变为了新的生产要素，甚至被称为未来社会的黄金。美国前任总统奥巴马在执政时期，将对数据的占有和控制列为和陆权、海权、空权并列的另一种国家核心资产。在新经济时代，数据是技术的底层支撑，无论是技术研发、升级还是应用，都离不开数据，它就像空气一样无处不在，为技术的生命提供氧气；又像精灵一样，跳动着为世界创造无限可能。

大数据在金融领域深度应用

BBD 在初创时期经历过不少波折。据企业元老尹康透露，在创始阶段，公司曾试图把主营业务放在服务运营商这一块，通过大数据的方法为企业提供品牌运营和建设服务，比如广告的精准投放等。然而在创立初期，过程并非一帆风顺，品牌服务虽然有市场，但并不是最佳的落地场景，因此，企业花了大量时间和资金来探索自身定位，资金链几乎断裂。幸好第一笔回款到位，BBD 才存活了下来。

在企业进行 A 轮融资之前，公司高管层有一年多的时间没有领薪水，但大家并没有离开。曾途回忆起这段历程，十分感慨："大家都愿意坚持下去，是志同道合的一群人。"对于团队而言，最艰难的并不是资金问题，而是产品定位：我们到底应该做哪个行业？

契机发生在 2014 年，BBD 与会计师事务所普华永道展开合作。当时，普华永道在为 BBD 做审计工作时发现，BBD 的大数据技术十分成熟，于是便提出了合作建议。会计事务所为企业做尽职调查，

需要查阅大量资料和数据，传统的方法是人工梳理和购买邓白氏[①]报告，这两种方法不仅成本高，而且效率都较低，于是普华永道提出，能否用大数据的方法替代人工来做风险控制和尽职调查？

这个提议让曾途和尹康眼前一亮。一切金融运作都以风险评估为基础，而但凡需要做风控的机构，都会需要尽职调查报告，这是一个“普适性的需求”，会计事务所、券商、银行，几乎所有的金融机构都会成为潜在客户。这个广阔的市场让曾途和尹康十分激动，他们很快便和普华永道展开了合作。

当时这个领域在国内市场还是一片空白，虽然现在“号称上千家企业进入这一领域”，但是实际上做出成绩的公司屈指可数。原因很简单，征信数据是一个被严格管制的领域，需要有人民银行的征信备案许可。截至 2018 年年中，全国只有 120 多家机构有备案许可，整个云贵川藏，只有五家机构有许可，BBD 是其中之一。

当然，拿到征信备案许可是 2015 年的事情。BBD 在 2014 年最重要的决策，是确立了自身的定位——金融征信，这个在当时还是冷门的领域，被曾途和尹康看作是可以肆意驰骋的蓝海，他们的技术终于找到了落地场景。

决定已下，曾途带领着团队开始了长达 4 年半的转型，从过去

① 邓白氏集团是国际知名的企业资信调查类的信用管理公司。

强调“铭品”转为了商业大数据（Business Big Data，简称 BBD）。企业开始着重打造 BBD 品牌，往金融科技转型，将目标客户群定位于金融行业主体和政府机构。

BBD 研究了一套新经济企业的行为模型，并建立了一个企业行为数据库。企业的模型分为七个维度：企业的基本信息；行业数据信息；法人治理结构信息；关联方信息；财务和非财务 KPI；社交媒体信息；无形资产和资产质押数据。

传统尽调是由会计师事务所做，尽调时间长则两三个月短则一个月时间，而通过 BBD 的 HIGGS Credit（浩格云信，企业全息画像搜索引擎），“只需要一秒钟，一个回车键下去，就能实时查询关联方信息，并形成报告。”2015 年年中，曾途开始通过终端机的方式将产品进行规模化销售，也开始有企业采用 API 接口形式做二次开发。

HIGGS Credit 的建立为 BBD 在金融征信领域建立了强大的竞争力，与银行和其他金融客户合作成了顺水推舟的事情。

重庆银行是 BBD 第一个合作的银行，也是曾途和尹康甄选了多家意向客户之后做出的选择。这家西南银行管理着数千亿的资产，对于技术创新十分重视，当时 BBD 进入重庆银行后，开始尝试通过企业税务数据（税务数据为主，也包括其他维度数据）开发一款面向中小微企业的信贷产品。BBD 当时是这样考虑的：公司财报可能有许多企业会夸大数据，但是没有企业愿意多缴税，税务数据是最

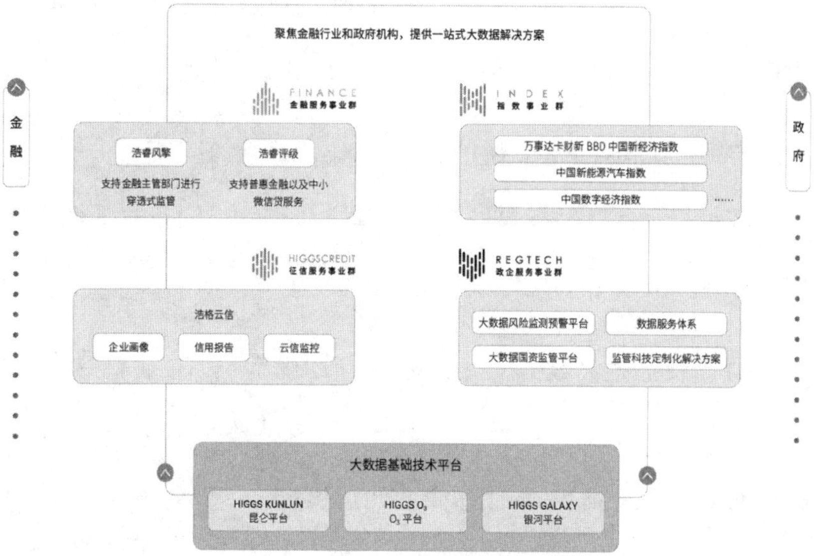

BBD 业务模式

保守的数据，而且国家对税务数据的统筹力度非常高，相关部门要求公司税务需向银行开放合作。

2016 年 BBD 和重庆银行合作开发的产品“好企贷”上线，该产品将小微企业年均纳税金额、纳税评定等级作为产品策略，通过整合“企业资产数据”“政府数据”“企业行为数据”等，运用大数据分析手段，实现对小微企业行为的全息画像，形成囊括贷前、贷中、贷后在内的一整套智慧风控方案。

这款创新金融产品上线不久，便引起了业内和媒体的关注。当时有评论认为，重庆有中小微企业 64 万余家，如果其中 5% 的企业通过“好企贷”审批，那么小微企业客户将成为重庆银行另一增长极。[①] 这一评论很快得到了检验，截止到 2018 年年底，“好企贷”累计投放金额超过 42.6 亿，坏账率远远低于行业平均水平。

在服务重庆银行之后，BBD 又与贵阳银行、徽商银行、天府银行、乌鲁木齐银行、九江银行等城商银行建立合作，共同开发了烟商贷、好税贷等针对小微企业的大数据信贷产品。

BBD 不仅通过大数据“找好人”（帮助优质中小企业获得贷款或融资），“找坏人”也是其重要业务之一。这项业务不仅涉及金融征信，还涉及企业的社会征信，“比如企业向河里排污，破坏环境，又或者拖欠员工工资。”这些行为人民银行没有权限管理，需要政府部门，如环保、人社等部门联合管理。国家发改委下属单位国家信息中心，专门负责搜集和管理全国所有政务数据，BBD 便和国家信息中心合作，发力社会信用体系，帮助政府部门建设联合惩戒的大数据平台。

这项工作的完成，首先依赖于数据的采集。原先政府通过行政命令和人工进行数据收集，一方面很难采集到全面的数据，其次数据层层上报，存在两到三个月的滞后时间。BBD 建立更广泛的数据采集系统，针对细分领域去采集数据，其后通过数据治理和分析能力，帮助相关部门搭建联合惩戒失信的联合平台。

BBD 之所以能够服务政府和银行部门，主要便是基于优秀的数

① 重庆银行净利逆势劲增超 10%“好企贷”激活小微贷款节节升 [EB/OL].(2017-03-27) http://bank.hexun.com/2017-03-27/188628370.html.

据治理能力。BBD 将数据分为公开和非公开两种类型。其中非公开数据又包括地方政府半公开和授权的数据，银行和监管部门的机密、绝密数据（涉密数据只能在银行和政府内部使用，BBD 为其提供定制化的模型、算法和策略）。

首先，BBD 需要对客户大量非结构化的数据进行清洗和治理。然后通过数据治理挖掘出不同企业之间的关联性关系，这就如同编织一张异常庞大的图谱，难点便是对这张图谱里任意企业的关系进行计算和分析。尹康打了个比方，“如同浩瀚的星河，每两颗星星之间都存在着引力关系。中国有 1 亿家企业，每两个企业之间都可能存在着关系，要分析他们的内在关联十分复杂。”

为了在浩瀚的“数据星河”中建立联系，BBD 建构了四大数据平台：处理异构数据的 O_3 平台、通用分布式计算“银河”平台、图计算“昆仑”平台以及模型中心“祖冲之”平台。

昆仑平台主要是用于金融数据的分析，数据来源主要是公开数据，而且集中在图形结构的数据挖掘。银河平台则主要是以安全为导向，服务政府机构需要的数据，它更多偏向隐私和非公开的数据。总体而言，O_3 和银河是内部平台，但是昆仑是可以对外提供技术服务的图挖掘平台。

经过近五年的积累，BBD 基于企业的股东、董监高、诉讼、知识产权等信息，已形成一个 5 亿结点、数十亿条边的企业图库，这是数联铭品对企业数据治理的重要成果。针对不同业务场景，BBD 的模型团队便利用“祖冲之”平台进行数据建模。

由于在国家发改委的社会信用体系建设中发挥了突出作用，BBD 入围了国家发改委“双公示”第三方信用评估机构名单和涉金融领域失信专项整治第三方审核机构名单，并且成为安徽省、贵州省、重庆市等省市的评估机构。此外，BBD 还与北京市、上海市、河南省等全国 20 余个省市的地方金融监管部门展开合作，解决新型金融风险预测监管、非法集资等问题。

另外，BBD 还联合财新传媒推出“万事达卡财新 BBD 中国新经济指数”（简称 NEI），该产品是国内首例运用大数据方法构建的国家级宏观经济指数，该指数的发布创造性地解决了中国新经济度量和发展情况监测一直无法攻克的难题。2017 年开始，NEI 开始登上彭博社终端机，为全球投资者提供了决策参考。

选择空间大数据做赛道

“当端起清晨第一杯咖啡时，你或许不会意识到，刚刚过去的一夜，国内某地预警了洪汛，彼岸加州突发了山火，北半球平原的冬小麦进行了播种，而南半球潘帕斯高原的牛群已经开始享受初春的嫩草。”这一行描述印在大地量子公司的宣传手册上。

这段优美的文字不仅暗示着大地量子的主营业务，也提醒着人们身处在一个瑰丽无比的辽阔世界。王驰对这个世界充满幻想，他想通过大数据和人工智能构建一个“数字化地球”，让世界上的每一寸山川草木都可以被检索和利用。对于 BBD 而言，数据是甄别优秀企业和防范金融风险的利器，而对于王驰来说，数据则是构建世界的方式。

这名南加州大学毕业的计算机博士，在 2016 年毕业之后便毅然决然地回到了祖国。当时，他已经萌生了创业的想法，想和伙伴们打造一款大数据引擎，分析和运用 PB 级的空间遥感大数据。这和硅谷的创业公司 Orbital Insight 有些类似，这家公司也从事卫星和无人机（UAV）图像的大规模分析，通过自主学习算法计算及道路、飞机、云、雾、湖泊、土地、建筑物和油库测量，帮助人们更好地认知世界。

虽然已经有美国的先驱者，但是空间大数据仍然是一个新兴的创业赛道。因为在很长的一段时间里，受限于算力和算法，NASA（美国航空航天局）、ESA（欧洲航天局）、NOAA（美国国家海洋和大气管理局）等运营方逐步开源的卫星遥感数据一直没有被有效利用，“业内普遍共识是卫星数据的利用率低于 10%”，这意味着有广阔的天地待创业者们开垦。

在这一领域，王驰就是创业者之一，2017 年，他创立了大地量子。公司刚成立，就吸引了许多科学技术天才加入，包括联合创始人兼 COO 吕童，首席科学家叶昕博士，还有来自北京大学、斯坦福大学、伯克利实验室、华为、IBM 等知名高校和公司的人才。他们在业内积累了深厚的技术经验，为算法和算力的研发提供了保障。

要将构建“数字化地球”的理想变为现实，核心还是在技术上。大地量子经过长时间的研发，逐渐在两个方面形成了自己的核心竞争力：大数据处理和 AI 深度学习算法。

在数据处理层面，团队自主研发了遥感数据的预处理技术，并专门为相关的计算处理过程配置了高性能的计算资源。遥感应用在数据预处理环节往往费时费力，很多时候不能及时满足客户的时效性需求，但是预处理技术可以批量处理大量的卫星数据，使原始数据能快速面向数据挖掘和分析之用。

在 AI 与数据挖掘分析层面，团队同样自主研发了一套深度学习的算法。其中算法会将遥感数据网格化，对要找的目标提取物在单一的网格内预先进行训练，然后再从所有网格数据中发现要找的目标物。如果数据挖掘结果不符合预期，算法可以反复进行优化，提高目标提取的准确度。这套算法可以支持对光学、多光谱、雷达影像的自动化识别和提取。

不仅如此，王驰及其团队还建立了 PB 级大数据中心，截至 2018 年年底获得近 2PB 的遥感数据，涵盖美国、欧洲、中国、韩国等国家，并且数据还在不断地增加和迅速更新。利用自主研发的网络化大数据管理系统，大地量子的技术团队将海量的遥感数据进行了高效的组织和处理，实现了跨 Layer 的快速查询和遥感产品的标准化生产。

技术为王驰搭建了探索宝藏的航船，但是航路又在何方？王驰选择把农业标为第一个目的地。中国智慧农业市场容量可达千亿级，其中数据平台服务占比超过40%[①]，如王驰所言，农业由于其较长的价值链，是空间大数据最先落地的地方，而且这一模式已经在美国市场得到验证，大数据服务已经被广泛应用于指导美国农业的生产。

从2017年年中开始，大地量子开始运用遥感大数据为政府、农业公司、保险公司提供耕地区域测绘、墒情监测、作物种类分布、作物长势监测、产量预测、土地沙化监测、牧场监测等服务。

相比于美国工业化大生产和较单一的农作物，国内农业产业的确要复杂得多，一是在山川高原地带农业规模化尚未成型，二是复杂的地理环境和种类繁多的作物对数据分析要求更高。挑战也意味着机遇，在国内市场，农业大数据依然是一片蓝海。

比如在农业保险行业，传统的种植险在承保前对承保的作物种类、面积、位置信息等，有“四难一高”：数字化难、精准化难、可视化难、核实信息所需的人力成本高。而在承保中，对于实时监控和突发灾害的预警准确度低、时效性差。灾害发生后，理赔时的人工估损方式精确度不高，精准到户难，工作量大人力成本高。

① 数据来自于《2019年智慧农业市场调研及前景研究报告》。

通过耕地区域测绘功能，大地量子让保险公司在承保前获取到户级别的农田面积测算、农田位置分布等信息。通过作物种类分布功能，获取承保范围各类作物到户级别的可视化种类统计、面积测算与位置分布等信息。

而在承保过程中，通过作物长势检测功能、土壤墒情监测功能和精准气象预测功能，为保险公司和农业公司提供农作物实时的长势数据、历史和最新的墒情数据和潜在的气象风险预警。而理赔时，也可以智能化判断灾后受损程度，根据赔付公司自动计算赔付金额。

又比如在林业领域，保险公司可以通过林火监测功能，查看到近实时火点分布，预判火点走向，及时预警和防护。保险公司还可以利用林木长势分布信息预测雪灾、病虫等灾害并采取相应的措施，以达到及时止损的爆发。

在精准预测的背后，大地量子研发了多项自主创新的 AI 算法，实现了精度可达 10x10 米的耕地区域测绘，误差不超过 1%；作物种类分布图，可识别 30 余种主流作物（包括水果），跨地区统计指定作物面积的误差不超过 5%；行业领先的产量预测功能，对美国产量预测误差不超过 2%；通过多数据融合并给予高精度气象预测数据的林火预测功能，可提前 3 日预警林火爆发。

王驰的“数字化地球”的理想远不止于农业领域，沙地、海洋和城市，随着技术的进步和市场的成熟，大地量子会成为整个物理世界的数据引擎。在王驰的眼中，“数据驱动的纯粹理性世界是最能turn me on 的乌托邦。”

构建数据网络

当我们谈论大数据的时候，已经不仅仅是在谈论一种技术和工具，而是在谈论一种思维。曾途甚至认为，大数据首先是一种思想，其次才是技术，“它（大数据）其实是采用一种新的视角、方法论来看待传统的问题。”以前线性的因果联系的思维模式正转变为生态的关联性的思维模式。这不仅是一场科技革命，更是商业模式的变革。

对此，咕咚创始人申波十分认同，他甚至在多个场合，声称咕咚不是一家运动健康公司，而是一家数据公司。这和大众的印象相去甚远，但是背后却有着深刻的含义。

大数据具有海量大、多维度和全面性三个主要特征。但是目前市面上所有运动 App 的数据收集维度太过单一，而且受限于载体，收集的数据仍然处于较低维度。以微信步数为例，它只能记录一天之内，用户的运动步数，但是一天走 1 万步和一小时走 1 万步的运动效果肯定不一样。在 AI 医疗领域，光凭数据量并不一定能够准确地分析患者病情，数据质量更加重要。与之类似在运动领域，只有收集到包含血压、心率、血糖、体脂等在内的高维数据，才能构建用户更加准确和个性化的运动健康数据网络，而这正是申

咕咚心率手环

波的目标所在。

但是这些数据的收集，仅仅依靠手机 App 很难完成，可穿戴设备是可以实现的主要方式。不过，单一的可穿戴设备也不能收集到全部数据，还得搭建可穿戴设备的各种产品，才能将这一数据网络构建完整。通过数据网络的扩充，加上技术辅助，就能提供更多个性化和多样化的服务吸引更多用户，用户又持续产生更多数据，形成一个数据闭环。

2013 年，咕咚放弃了手环硬件业务，后来又在 2017 年重新踏入硬件制造领域。究其原因，除了看重电商业务外，便是为了构建运动健康领域的大数据网络。

以心率数据为例，这一数据对科学运动有着重要意义，咕咚智能心率手环采用高准确度的 PPG 光电心率算法，提供 24 小时心率监测，减脂、无氧心率区间一目了然，并可以针对不同运动场景优化算法，确保心率数据的准确性，为锻炼提供科学保障。这款智能手环配合智能手机,用户可以跟随真人金牌教练和队友一起在家“团练”，手环实时读取运动心率和卡路里消耗等数据，为教练的语音指导提供科学依据。

申波在向我们介绍这款手环时,亲自进行了示范。手环开启之后，手环内置的实时姿态识别硬件传感器，能判断用户跟着视频课程做出的动作是否标准。申波跟着咕咚 App 里面的健身视频做了几个开合跳的动作，系统自动通过语音提醒、纠正不标准健身动作，就像有一位专业教练在身旁监督、指导，对健身新手具有特别的价值。

也是基于高低纬度数据网的搭建，线上课程才能和用户体验更好地结合。截至 2018 年第三季度，咕咚连接的硬件数量（包括自有品牌和第三方）已经超过 200 万个，每月新增数据量 3000 万条，累计数据储存量超过了 50 亿条。

“我们是一家数据公司。”申波向媒体重申。从运动社区到运动社交，再到入局智能硬件定位为数据公司，我们现在可以看到这背后的完整逻辑。申波对技术与商业模式的认知在不断迭代，要赋能整个运动领域，没有海量的高质量数据只能是纸上谈兵。

就在申波推出新款智能手表和手环之时，23 魔方创始人周坤正在为扩建实验室而奔走。2016 年，创办不到两年的 23 魔方开始自建基因检测实验室，当时周坤受够了第三方检测机构错误频出的检测结果，便决定一定要把检测流程牢牢地攥在自己手里。但到了 2018 年，这一次扩建实验室则是为了提高检测的产量。在 2018 年 10 月底，23 魔方已经服务了超过 30 万消费者。

“这是可以也必须要做到的事，”周坤对这一数据体量的追求，是因为在他看来消费级基因检测行业，最大的商业壁垒便是庞大的用户量。这一方面来自他对技术的看法，“技术壁垒其实只有 2 ～ 3 年的离间优势，只要增加投入引进人才，我们能做的事别人也能做。”另一方面则是他对数据的敏感，他创办的上一家公司“锐理数据”，便是专门服务于房地产大数据的企业，在大数据领域浸淫多年，他深知数据的重要性。

这就如同社交领域的微信，用户的所有好友关系都基于微信平台，虽然其他社交软件层出不穷，但是由于迁移成本太高，微信的“霸主”地位依然牢固。强者恒强，这一点不仅是国内的互联网公司的现状，在美国消费级基因检测市场也被验证，“23andMe 和 Ancestry 两家公司，在美国消费基因市场占到 95% 的份额。”周坤解释道。

23 魔方拥有的数据量目前位居行业第一。通过大量的数据资源，基因检测的分析结果远比小数量得出的结果更准确，维度更多，而高质量的分析报告，又将吸引更多的用户选择 23 魔方的产品，由此形成一个良性的数据闭环。

构建大数据安全体系

大数据时代的到来，给人类的生活和生产带来了诸多便利，数据也成为了企业和个人最重要的资产。它不仅关系到数字环境中用户信息收集、使用、整理、处理或共享，还关系到个人在数字世界中的存在。在 DT 技术的急速发展下，数据安全和隐私边界等议题愈加重要。

不论是社交巨头 Facebook 还是 Uber，都被曝出客户数据遭到窃取的事件。各国政府对大数据安全性认识也在不断加深，包括美国、英国、澳大利亚、欧盟和我国在内的很多国家和组织都制定了大数据安全相关的法律法规和政策来推动大数据利用和安全保护。

在国内，2017 年 6 月 1 日《中华人民共和国网络安全法》开始施行；2018 年 5 月 1 日《信息安全技术个人信息安全规范》也正式实施。其主要内容要素包括个人信息及其相关术语基本定义，个人信息安全基本原则，个人信息收集、保存、使用以及处理等流转环节以及个人信息安全事件处置和组织管理要求等。

法律不仅赋予了公民更多使用自己个人资料的权力，也为公民的数据安全提供了保障。以数据作为生产资料的新经济企业，都面临着数据安全和隐私的问题，特别是在电商、健康医疗、教育和娱乐领域，这些企业直接面向C端人群，对于数据安全问题更加敏感。成都新经济企业正在通过技术手段实现对用户数据安全和隐私的保护。

在各种数据中，基因数据十分敏感。对于这一问题，23魔方创始人周坤认为，数据的归属应该是用户，“依靠数据变现实现盈利，是不可持续也是不合乎法律法规的。”基因检测是为了实现生命数字化，这是人类疾病和遗传研究的宝藏，正因为如此，一旦泄露，不仅是对公司的致命打击，也会给用户隐私造成极大危害。

为了保障用户的数据安全，23魔方在给每一位用户进行检测之前，都会提供一份非常详细的知情同意书，在征得用户同意后，他们的数据会在脱敏后续用于科学研究。通过这些科研合作，把研究成果转化为简单、准确的检测项目，放回到产品中，从而能够让用户在用药指导等方面得到回报，为他们提供更具健康指导意义、更丰富的自我解读。

在整个数据采集和研究的过程中，23魔方也建立了多层次用户保护机制。周坤只选择通过23魔方App为用户提供服务，在数据收集时，鼓励用户匿名。同时，用户可随时通过23魔方APP退出这项研究，一旦用户退出，数据系统会自动把这些数据清除掉，通过这样的方式保护用户的数据安全和隐私。除此之外，23魔方每年会在网络安全方面进行投入，据周坤透露，2018年全年投入500万元左右。

BBD 每年也在数据安全上作出了巨大投入，除了投入资金外，首先要满足安全领域的诸多认证，特别是与涉密单位、军工等机构进行合作。除此之外，公司在人员的培训上，也进行了重点投入，以保证数据安全。

公司执行总经理尹康认为，很多服务 C 端的金融大数据公司，比如不少现金贷企业，往往都因为触碰到了隐私数据，给自己绑上了定时炸弹。也正因为如此，BBD 的企业战略仍然是服务 B 端客户，“涉及公民隐私数据的，我们一律不做。”

安全是 DT 时代的首要要求，电影中海量用户信息被盗，无人驾驶、机器人被黑客攻击的剧情不应该出现。但这不是单一的技术手段可以解决的，而是应该政府、科技界和企业一起携手，构建更加完善的信息安全体系。

智能互联

技术创新是一列没有行驶终点的列车，这是一个追求极致、追求卓越、追求完美的过程。世上没有绝对的完美，人们所做的一切努力都是在无限接近于完美，在技术创新中，“无止境地追求完美”的精益思想至关重要，而这也是我们在诸多成都新经济人身上发现的品质。这些人包括工程师、创始人，也有工程师型的创始人。受到精益思想的影响，他们能够主动改善、精进技术，并将其作为永久的习惯，深入思维之中。

没有哪一次技术突破不是煎熬而来，每当奋力登上一个高峰、努力完成一个小目标，与喜悦相伴的往往是痛苦。“钢铁侠”埃隆•马斯克在回忆特斯拉汽车研发过程时说过“那种感觉就像是眼睛盯着深渊，嘴里嚼着玻璃”，然而在至暗时刻他仍然告诉自己绝不放弃。这是一种英雄式的创新创业精神，也是技术研发中最不可缺少的坚持。在成都新经济企业中，我们发现许多为技术着迷、执着于研发的人，他们拥有为这项事业贡献所有的决心，为之燃烧激情，并且一直精益求精。在喧闹浮躁的世界里，他们沉静自若，永续前进。

物联网时代押注芯片

大约在10年前，“物联网”的概念已经被人们提及，那时人们对于它的理解仅仅停留在“传感器网络”，但是IOT（Internet of Things）不仅仅是在设备上增加传感器这么简单。移动互联网的发展让手机成为一个数据收集和处理终端，无时无刻不对用户的行为进行记录。周鸿祎认为，IOT是把所有设备都变成“智能手机”①，而当我们身边存在这样数十个终端时，便会对每一个人进行全方位的数据记录。到那时，人们如同沉浸在更深邃的数字海洋中，像鱼一样在“数据之流”中遨游。

---

① 周鸿祎．智能主义：未来商业与社会的新生态[M]．北京：中信出版社，2016.

随着 5G 时代的到来，加之大数据、人工智能的技术发展，IOT 万物互联开始成为现实。

这一天的到来，不仅依赖于数据处理和传输技术进步，也依赖于集成电路行业的发展。在成都，围绕 IOT 的集成电路研发商，正在形成新的势力。向建军创办的成都锐成芯微科技 (ACTT) 股份有限公司便是其中之一。

成都锐成芯微科技股份有限公司是一家专注于半导体设计 (IP) 和应用解决方案研发的公司，其开发的一系列超低功耗 IP，如超低功耗电源系列 IP、超低功耗 ADC 系列 IP、低功耗时钟发生器系列 IP、超低功耗 RTC 解决方案等，完整地覆盖了物联网（IOT）产业对于低功耗全部基础 IP 的需求。

特别是 2016 年与美国存储器公司 CMT 整合后，不仅成功走向国际，也是全球在 MTP 技术领域唯一能够达到汽车电子 Grade 0 标准的 IP 供应商。作为成都最早在这一领域创业的企业家，向建军回忆起 2012 年初创时收到的评价，不胜唏嘘。

“这就是一个笑话”，向建军讲到。

当时没有多少人看好向建军和他的团队，即使是他自己也没有十足的信心。这并不意外，在集成电路行业从业多年，他知道在这一行业创业就是九死一生。画版图、晶圆、流片、制程、封装、光刻，光听听这些“黑话”就知道这是一个技术十分密集的行业。研发投入上千万也不过是打个水漂，能不能冒泡还很难说，更别提和传统行业巨头竞争了。而且，他所选择的方向是超低功耗 IP，在当时的需求量并不多，这意味着离市场成熟还有较长的一段等待期。

但是“与大象竞争，就不能和他们走同一条路。”向建军选择的是一条更加崎岖的路，“超低功耗 IP 当时在世界上做的人很少，但不会成为被大象踩死的那只蚂蚁。”虽然暂时性应用少，但并不代表低端。他坚信随着 5G 时代的到来，围绕物联网领域的超低功耗芯片必然是未来发展的一大趋势。

向建军一咬牙把成都的房子给卖了。创业者经常说起“ALL IN”，意即物质和精神上的全情投入，这是一种勇气，更需要足够的耐受力。当一个人选择“ALL IN”的时候，不仅要在开始时投入所有，更要准备好承受全部的后果，例如失败和孤独，而且失败的概率远远大于成功。

刚开始向建军连队伍都凑不齐，干这一行的人才本来就少，能作为创业的伙伴人选更是屈指可数。向建军只能在行业内到处搜索，今天拉来一个朋友，明天又邀来一个朋友，一个两个三个四个，生生凑出了一个团队。虽然人少，但团队成员都是业内顶尖人才，代表了成都集成电路领域的新生力量。

队伍有了雏形，研发工作做步上了正规。积累数据，不断优化，在保证可靠性的前提下，一步一步进行尝试。成都锐成芯微公司每一年研发投入超过 60%，“绝对超过绝大部分川内芯片企业”。不过好在随着产品技术不断突破和合作方的大力支持，锐成芯微获得源源不断的订单，保证了公司稳定的现金流。经过 7 年的研发，锐成芯微成为全国为数不多掌握着自主知识产权且布局完整超低功耗 IP 供应商。

就在持续研发的时候，2015 年向建军又有新的计划。在集成电路领域，欧美企业的技术水平遥遥领先；而对于国内的后发创业公司而言，没有实力同时进行多个技术和产品的开发，要打造立体化的产品矩阵，海外资源整合是最便捷的方式，也是公司实施国际化战略的必经之路。向建军的看法极具战略眼光。当时，锐成芯微刚刚拿到第一笔融资，向建军立马开始筹措准备。他向海外投行咨询，一笔收购案投行竟要吃掉几百万美金的服务费。向建军打消了通过投行进行收购的想法，开始自己组团队亲自操刀。现在回想起来，向建军应该对自己的“抠门儿”感到庆幸，不然很可能与最佳标的失之交臂。

投行虽然专业，但是未必能看懂技术。向建军最看中的便是对核心技术的吸收利用他和团队查阅了大量的文件资料，最终在一个不起眼的文字叙述中找到了这家开发嵌入式存储器的公司（简称：CMT）。这家公司研发的产品正好满足锐成芯微对 IOT 领域的布局，其产品性能在国际上也处于领先地位。向建军连忙飞往美国进行谈判。

CMT 公司创始人是一名华人，作为这一领域的技术大牛，他痴迷于研究工作，但是对于市场销售却力不从心。向建军联系到他时，他也正有意出售公司，寻找可以合作的伙伴。对于 CMT 公司而言，中国是一个巨大的市场，如果能和中国公司合作，他们也可以在中国站稳脚跟。

向建军和这名华裔创始人一见如故，相谈甚欢。他头一天到达美国，第二天早上一边吃早点一边草拟合同和对方协商条款，早饭结束便和 CMT 公司签下了合同，过程十分顺利。后来他才得知，就在签订合同的第二天，一家日本公司也飞来商谈收购条款，这家公司跟踪 CMT 五个月了，但是由于日本企业决策流程太长，谈判一直没有取得突破性进展，这才让向建军捡到了宝。坐在回国的飞机上，向建军越想越兴奋，"我们只用了不到两天，就把全世界最先进的技术带回了国内。"

收购完成之后，锐成芯微也对 CMT 公司的技术进行了迭代。原来 CMT 的嵌入式储存器参写次数为 2 万次，可以在 150 摄氏度的结温下保存 10 年，但是经过向建军及其团队的优化已经做到了参写次数 40 万次，在 175 摄氏度的结温下可以保持 20 年。其可靠性远远超过航天军工领域的应用标准。公司所拥有的嵌入式存储器技术 LogicFlash™ 也成了最受欢迎的技术，通过不断地提升，能够达到汽车电子 Grade 0 的可靠性标准，成功打入工控和汽车电子领域。

有成功的第一次，就可以将成功经验进行复制。基于物联网技术的需求，2019 年成都锐成芯微成功收购了射频芯片设计公司盛芯微，将物联网大平台的最后一个短板补充完整，成为国内最完整的拥有完全自主知识产权的超低功耗物联网技术平台。

在“ALL IN”所有的资金、汗水和热情之后，向建军把曾经的“玩笑”变成了现实。他不仅带领锐成芯微成功站到了技术制高点上，还在成都聚集了一批优秀的芯片创业公司。这些公司正逐渐形成一股合力，把成都芯片产业带到最前沿。

生物治疗与 5G

“不久前，生物治疗领域关于阿尔兹海默症的一项临床试验宣布终止，这意味着此前二十年的研究方向出现了问题。”四川大学生物治疗国家重点实验室青年科学家雷鹏告诉我们：“虽然失败了，但至少临床证明了之前学界公认的一个假设存有问题，这样我们就可以更换研究方向。”目前，雷鹏正带领团队专注于研究阿尔兹海默症分子机理及药物靶点。

阿尔茨海默病（AD），俗称老年痴呆症，又称失智症，患者会出现思考能力和记忆力退化、精神失控等症状，个人日常生活功能会受到严重影响。现阶段，中国阿尔茨海默症的患者人数已居世界第一，随着老龄化问题的加剧，患者数量还会急剧增加。这一病症不仅给患者个人带来痛苦，而且会给家庭造成巨大的身体、精神和

雷鹏团队

经济压力，它不仅是医学问题，更是社会问题。

阿尔茨海默病已成为当今和未来人类所面临的重大挑战之一。而据其被发现至今一百多年来，医学界还没有找到能够治愈或者改变其病程发展的方案。但可以肯定的是，科学家们将继续探索，直到找到解决办法。

在雷鹏看来，执着地探索未知是最重要的科学精神。科研工作需要不断问问题，解决问题，才可能无限接近一个问题的不同面的真相，通过真相累加，可能得出一个最优的解决办法。“这就像一个无底洞，也许我们这一代人不能将洞填满，但是还有后来人，我们也是这样站在前人的肩膀上。”从大学第一次进入实验室至今，雷鹏对科学研究的兴趣从未减少，当假说在实验上得到了验证，总会令他兴奋不已。

研究问题是为了解决问题。就医学而言，治好病人最重要，雷鹏说：“我从澳大利亚回国就是想把基础研究与临床试验结合，华西医学院能够提供这样的条件，与病人接触交流有助于更精准地理解问题。”

成都电子科技大学通信抗干扰技术国家级重点实验室胡苏教授也谈道：“工程研究应该以落地为导向，以解决企业的实际需求为目标。技术方案能够在应用中解决难题，才能体现价值，研究者的成就感也由此而来。”

为了找到正确的探索方向，胡苏常常与全球一流通信企业交流，获取无线通信领域前沿需求。他认为，企业更了解产业的发展和需求，和企业合作能够更准确地把握需求、走对方向，“校企合作的通道还是比较通畅的，只是我们没有直接参与到5G市场竞争的环节，但是我们在背后给很多企业做技术标准支撑。”目前，电子科技大学通信抗干扰技术国家级重点实验室与华为、中兴、中国移动、三星、英特尔、思科等国内外企业都有合作，助力无线通信设备商和运营商研发从射频、基带到信号处理的系统级解决方案。

关于学术研究和企业合作的关系，胡苏解释说：“做基础研究就是搞学术前沿，并不一定要某家企业来请我们做，只要是我们觉得有技术点、有价值的都可以做。”在5G时代来临时，科研团队已经在着手准备研究6G技术了，“一开始都是不确定的，谁也说不准需求，只有在探索中才能找到答案。”

探寻未来世界

在成都棕榈国际中心的29楼，聚集着BBD 200多名工程师。每个工程师的办公桌前摆着满满的三个电脑屏幕，屏幕上闪烁着数据。由电子科技大学教授、国内大数据领军人物周涛联合创立的BBD七成的员工都是硕士及以上学历，团队里有40余名博士，还有两名千人计划，BBD免去了传统企业的条条框框，在内部营造一个开放的氛围，鼓励大家积极创造，平日里，工程师们常常开沙龙会，探讨感兴趣的问题，也会在“赛马”机制中，以互相学习和彼此超越为乐。

新经济企业的技术基因，决定着企业最大的资产便是优秀的技术人才，没有人才，就没有技术创新可言。在我们走访的20多家企业中，绝大部分创始人都是技术人才出身，不少人甚至是专业领域的专家学者。医联创始人王仕锐在四川大学华西口腔医学院就读八年制本硕博，后赴哈佛大学做研究学者；大地量子创始人王驰则是南加州大学量子物理学的博士；傲势科技创始人郭亮则是南京航空航天大学的博士。

“优秀”和“伟大”之间往往就隔了一层追求极致的探索精神。

开启无屏时代

2012年，当大众的目光都盯着智能手机的小屏幕看的时候，技术男钟波却在想，如何把他们的目光拉回电视屏幕？在这之前，钟波在知名电视芯片公司晨星半导体（Mstar）工作了近十年，他和这家公司一起经历了电视机行业从CRT电视到液晶电视，再到多媒体电视、互联网电视的整个发展过程。就在这一年，晨星半导体公司被台湾联发科收购，钟波便带着“未来电视路在何方”的问题，辞去了百万年薪的工作回到成都。

未来的电视会是什么模样？他试图找到这个问题的答案。虽然可供给他分析判断的信息很模糊，但他知道，未来电视一定是颠覆传统的全新形态。正当他日思夜想的时候，iPhone5发布的概念视频让他眼前一亮，在视频中，用户拿起手机，滑动手指，前面出现了虚拟键盘；输入内容，又出现了一个巨大的投影屏幕。此时，他心中有了明确的答案：未来的电视显示设备一定是无屏的。

“将投影仪智能化，用户可以在线观影，而不需要插入U盘或者连输其他设备，同时集合音效等其他功能。”沿着这条思路，钟波的脑海中渐渐勾勒出“无屏电视”雏形。对于这一设想，很多业内人都认为是异想天开、不切实际，成功的可能性微乎其微，特别是离开占据供应链优势的深圳回到成都创业，看上去似乎不是一个明智的决定。钟波也说：“如果去做芯片或者搞方案，赚钱是最快的，我们团队也有经验。但要做一个市场上根本没有的产品，这太难了。”尽管如此，钟波的团队还是相信无屏电视是颠覆传统电视行业的产品，就像苹果手机颠覆了功能机一样。

怀着赤诚的心，钟波把自己存的七八百万资金全部投入其中，带领团队在成都西郊的一栋三层清水房里，开始了艰苦的研发工作。“一楼做硬件测试，二楼编软件，三楼睡觉。睡觉是在架子床上，洗手间连马桶都没有，只有一个洞。我们每天睡醒就干活，仿佛回到了学生时代。”钟波把这段经历称为“硅谷式的车库创业”，产品没有面世前，每人每月只拿 3500 元的工资。

居住条件简陋尚且可以忍受，真正令人焦急的是技术研发的不确定性。这时候，极米公司还没有正式成立，工程师们建立了用户论坛，一边研发一边和用户讨论，通过和用户交流，研发团队逐渐确定了产品的大致形态。

2014 年 3 月，极米首次提出“无屏电视”概念，并在 4 月推出了第一台无屏电视 Z3，成为了无屏电视开创者。这款产品自带智能系统，连上 WiFi 就能播放影视内容，因为采用和电视一脉相承的解码系统和优化技术，画质出色，而且屏幕最大可以投放 180 英寸。为了深度挖掘用户需求，做 Z3 的时候，极米甚至设计了 4 款造型，让用户投票选择，工程师们亲自手工组装了 70 多台工程机，一一寄给参与测试的用户。

最终，这款仅重 0.69 千克，只需一面白墙就能投放上百英寸大屏的产品在预售阶段供不应求。然而随着产品的热销，供应链的重要性日益凸显，极米团队也意识到了这一点。

2015 年“双 11”时，极米的新品 Z4X 在一天内就全部售罄，用户无法再购买，“公司的产能虽然每年都在翻番，但还是不能满足用户的需求。”那时许多用户质疑极米做“饥饿营销”，让人感到有口难辩，钟波甚至剃光了头发向用户道歉。

这次事件后，极米团队开始逐个拜访一线供应商，以求建立深入合作。为了能与跟奔驰、宝马供货的音响制造商哈曼卡顿建立合作，钟波专门跑到对方公司堵门，每天询问对方领导的日程，最后终于换来 10 分钟的交流机会。团队前后花了半年的时间，才完成了对供应链的优化和梳理。此后几年，极米科技逐渐积累了许多优质供应商，钟波希望通过极米科技将他们聚集在成都落户建厂，进而形成硬件制造的完善生态，这样一来，新的创业者可以少走弯路。

2018 年 5 月 15 日，极米又发布了一款开创性产品——激光电视皓 · LUNE。在此之前，激光电视一直没能大范围普及，关键在于价格昂贵，一台 100 英寸的大屏激光电视动辄十几万甚至几十万元，而极米科技推出的激光电视售价降到了万元级，这将有望满足更多大众消费者的需求。“如果说无屏电视是以家用第二台或第三台电视的身份出现，那么激光电视的目标则是为了真正替代客厅里的传统电视。”钟波自信地预测：极米激光电视将占到 10% 到 20% 的市场份额。如此，在颠覆传统电视的路上，极米又迈出一大步。

作为开创品类的先行者，极米占领了用户心智中关于“无屏电视”的第一位置，随之而来的回报也是极其可观的：2017年，极米占有的智能无屏电视市场，比第2名到第10名总和还多，可见其绝对领导地位。2018年12月3日，全球权威市场调研机构IDC发布了《IDC 2018年第三季度中国投影机市场跟踪报告》，数据显示，2018年前三季度，极米科技以40万台的出货量位居第一，这是国产品牌在中国投影机市场的首次登顶。同时，2018年前三季度中国市场最畅销的10款投影机中，极米占据4席；最畅销的10款家用投影中，极米占据6席；其中，极米无屏电视H1S荣登投影机单品销售额第一的宝座。

在短短5年时间里，极米经历了让人惊叹的指数级增长，最终结束了投影行业被外资品牌称霸15年的局面，可以看到，在从0到1的路上，极米仍然在前进。作为颠覆者，历史给了钟波机会，而他也尽最大的努力，把握住了机遇。钟波创业时想要打造一个全新的产品，这一愿望已经成为现实，不过创新的过程永不会停止，“可能会失败，但我们坚信未来在这里。”

钟波曾经表示“可以做到100分的考题，就是99.9分也不交卷”。极米科技能从激烈的竞争环境中，一年一个台阶，走到今天的体量，完全是因为对技术的重视。在开发极米经典产品Z4X时，产品团队光模具就做了八副；为优化一个小细节，短短五天时间内做了12套方案，最后优中选优，确定了一种最为可靠的方案；为了一个小插口在外观上与机身协调，极米花40多万元重新定制模具。“我们团队是技术员出身，不懂销售也不懂品牌，有的就是研发。”

极米曾经研发了一款产品，开模生产出上千台，但是钟波认为这是一款合格的产品，但不是极致的产品，坚持要用锤子砸掉，耗费了很多心血在这款产品上的员工们请求自己买回家做纪念，钟波拒绝了。“花了上百万开模费，我还是坚持不销售。”钟波在接受新经济 100 人采访的时候，如此说道。而在生产另一款产品 Z4Air 的时候，为了追求轻薄的极致，减少产品 1 毫米的厚度，钟波也废掉了模具。为了给用户更好的体验，他们在 Z5 产品上增加了质感更好的金属外框，又增加了改善用户体验的左右梯形校正功能，这直接导致单个产品成本增加超过 200 元。钟波如此“较真”，还跟他在公司创立之初便定下的规矩有关，当时公司刚刚成立，为了打造顶尖的硬件产品，他对自己提出了一个极为苛刻的要求：对不满意的工程样机，一律当众砸毁。这条规矩一直被贯彻至今，在五年时间里，极米科技被砸毁的样机就多达近 50 台。

当然，一款高性能的产品需要包括内容源、设计、画质、音质、功能、UI 等各个部分。为了在各个方面都带给用户极致的体验，钟波选择了强强联合，比如在内容源上，极米和芒果 TV、爱奇艺等进行合作，这两家公司一方有丰富的影视内容，另一方则拥有强大的剧集自制能力；在音响方面，极米选择全球最顶尖的音响设计团队哈曼卡顿形成战略合作。哈曼卡顿是全球最大的专业扬声器生产商，其产品被应用在奔驰、保时捷等顶级汽车中。在 Z4X 的音响设计中，极米为了追求最完美的声音效果，和哈曼卡顿的技术团队一起调试了半年的时间。

极米2014年在成都成立第一个光学实验室，截止2018年年底已获得400余项专利。钟波称之所以布局上游技术，是因为在他看来，光学是未来的支柱产业。比如，智能汽车需要摄像头去捕捉道路和障碍物，用户想要在车窗、顶棚上看视频等，这里面就需要基础的光学技术。除此之外，极米还建立了画质、噪声、可靠性、无线等研发实验室，同时联合百度成立了AI无屏实验室。

极米团队中一半以上的人都在做研发，工程师精神是最重要的企业文化之一。也正是具有敢于创新、钻研的研发能力，才让极米的产品拥有市场竞争力。

不管是极米科技，还是其他新经济企业，工程师精神都是突出的企业文化之一。在技术研发精进的过程中，如果没有工程师精神体系做底层支撑，没有一支能吃苦耐劳、敢想敢干、不服输、坐得住冷板凳的极致队伍，就没有创新，也不可能有丝毫突破。

无人机的场景创新实践

许多创业者经过多年的积累和沉淀已经是细分领域的知识精英。极米科技创始人钟波在晨星半导体（MStar）公司工作近十年，任西南区技术总监；理想境界创始人宋海涛则是在美期间作为核心主研参与Google Glass项目最早期预研工作，负责制定了Google Glass

的 FOV 值等重要项目参数，并在学术界首次提出了适用于智能眼镜设备人机交互绩效的研究理论与相关算法……常年的学术训练和实验室经历，让这些创业者将科技创新的工匠精神深深地灌入到企业文化中，形成了以专注、理性、极简为特征的“工程师精神”。

傲势科技创始人郭亮认为，傲势的成功就和科学家精神、工程师文化密不可分。在傲势的办公区，可以看到很多航空领域佼佼者的海报，包括 NASA、Space-X 等，郭亮表示，公司希望通过海报张贴激发出团队的冒险家精神，这是一种内心对于未知世界探索的欲望。

他以无人机的螺旋桨设计为例，要研发能够同时满足空中悬停和高速平飞两项功能的螺旋桨十分困难，“这甚至比设计波音、空客这类大客机的发动机叶片都还要困难。”由于市场需求量小，国际上对无人机螺旋桨进行系统研究和开发的案例十分有限，郭亮只能带领技术团队自力更生。对于性能的追求是一个永无止境的过程，因为对于傲势团队而言，仅仅能够正常飞行还远远不够，工业级无人机更为重要的是能够在空中出色完成一系列任务。为了达到任务完成标准，郭亮和团队对螺旋桨进行了 100 多轮优化。

不过最难的还不在于研发，“设计研发就是不断试验优化，真正难的是从科研定型到量产。”傲势科技首席运营官刘洋对公司产品从图纸变为实物的过程印象深刻，“这就好比从一个坑爬到另一个坑。”

2016年，傲势科技开始生产第一款产品X-Hawk，当时公司采用两条腿走路：一条腿是外包，另一条腿是自产。但是订单发出去几个月后，傲势团队看到外包供应商的生产质量，立刻彻底打消了继续外包的念头，“他们经常随意更换零部件，这对品质影响太大。”刘洋谈道。事实上，傲势团队在国内也难以找到合适的供应商，军工无人机订单小但是客单价高，消费级产品客单价小但是数量大，而傲势科技的工业级无人机正好卡在两者之间，既没有较高的客单价，也没有大量的订单。“市面上很难找到符合我们要求又能接我们订单的生产商。”

不过好在还有另一套方案。在彻底放弃了外包之后，傲势科技全力建设了位于双流的生产工厂，“我们完全没有工业级无人机的生产经验借鉴，只能自己摸索。”最终，凭借工程师持之以恒的钻研精神，傲势科技研发的工业级无人机X-Hawk比Google采用类似方案的物流无人机项目“Wing”更早地突破关键设计，成功实现垂直起降高效率转水平飞行的功能。

刘洋打了个比方，汽车工业发展了100余年才有了今天的工艺水平，和它相比，工业级无人机制造只能算是“手工作坊”。不过就是这样，傲势科技也已经把自建工厂的产量做到了年产300台，初步满足了市场需求。郭亮认为，工业级无人机的研发和制造道路还很漫长，这是一个追求极致的过程。

从2015年9月创办傲势科技以来，经过两年的研发，公司已经发布了X系列五款垂直起降固定翼无人机，其优异的性能不仅成为国内无人机行业的翘楚，还将众多欧美客户揽入囊中。我们可以对傲势科技的产品简单考察一下：2016年9月傲势科技发布了无人机产品X-Hawk。这款飞行器具备在狭小范围内起降，长距离、长航时、全天候、复杂地形自主飞行的能力，拥有90分钟续航、150千米任务航程、3千克基础载荷、120千米/小时巡航速度和5000米飞行高度的超高性能，填补了中国无人机垂直起降转高效率水平飞的技术空白。

2017年，傲势科技发布了"X-Swift"新型无人机。这款产品在首次超长航时试验中，滞空时间超过5小时，航行时间突破2个小时，不仅刷新了此前的成绩单，还打破了行业纪录。

打造高品质高性能的产品，是郭亮团队的心愿，他们在短短两年的时间里，经过不断研发打磨，终于做到了。但是当产品面向市场的时候，郭亮意识到自己当初的想法太简单了，他原本将公司定位为一家纯粹的无人机研发制造公司，"产品用途让用户自己决定。"但是他很快发现，这种想法极不成熟。

他们将产品推向各大航展，参会商家对傲势的技术和产品拍手称赞，"但市场反应还是不及预期"，于是，郭亮开始分析市场"叫好不叫座"的原因。在和客户面对面交流后，他认识到工业级无人机市场处于早期萌芽阶段，市场急需培育，新技术如果没人用，就会被束之高阁，无法产生经济价值。

工业级无人机的操作和保养方式较为复杂，需要培养专业的“飞手”才能使用，客户购买产品只是飞机使用的一个起点，后面还存在复杂的服务环节。而且，傲势科技的产品远比消费级无人机庞大，飞行高度和飞行时间也远超消费级无人机。使用者只有在拿到空军的空域飞行申请之后，才能合法地使用，如果得不到审批，买回来不能飞，对于客户是一大损失，这自然降低了客户的购买意愿。

此外，还有一个突出问题便是刚需市场太少。对于大部分客户来说，他们缺的不是无人机，而是不懂如何用无人机为自己服务。就算这些企业买了产品，一年的使用频次也屈指可数，剩下的大部分时间都在闲置，不仅对于客户是一种浪费，而且也影响无人机的使用寿命。傲势科技首席运营官刘洋向我们分享道，“只有测绘部门对工业级无人机是刚需，其他客户都还有待挖掘。”所以对于傲势科技而言，造一架飞机变得相对简单，但是要找到合适的应用场景，教会客户使用则变得更难。

意识到这一点，团队不得不重新调整之前的战略，从专注产品变为打造顶尖产品和服务运营相结合。特别是在整机销售还未成熟的市场情况下，现阶段最重要的是挖掘应用场景。

从产业分工角度讲，挖掘应用场景做行业解决方案和服务，原本不是一家研发公司的事情。刘洋坦言，当初创办傲势科技时，团队只打算专注研发与生产，做无人机界的“波音公司”，但是为了推

傲势科技团队

动应用场景创新实践，傲势必须成为一个服务商，这才干起了“航空公司”的活儿。

2018 年 4 月，傲势科技将部分精力转移到应用场景的开拓上。结合公司垂直起降固定翼机型的特点，傲势科技把应用场景聚焦在智慧城市、安防安保和环保治理上。

5 月中旬，在第九届中国国际警用装备博览会上，傲势科技携“X 战警”系列产品 X-Swift、X-GCS、X-Matrix 及与腾盾科技联合研发的 HB 小李广大型无人直升飞机参与展览。除了产品大受欢迎之外，更为重要的成果，便是傲势科技和山东省威海市公安局、电子科技大学航空航天学院及大数据研究中心、京润华创飞行学院、腾盾科技、

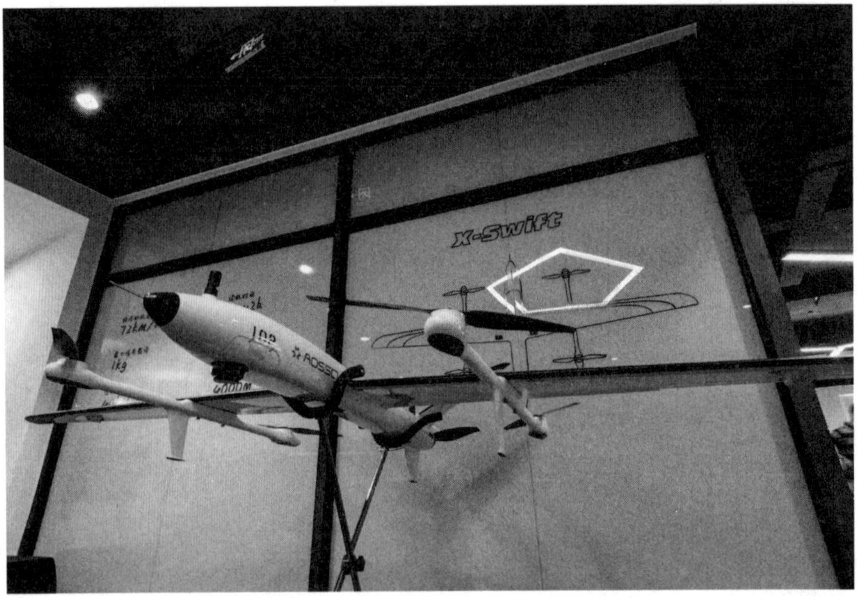

傲势科技“X-Swift”产品

携恩科技共同签署了《高端智能飞行器警务应用创新联合实验室战略合作协议》。

山东威海市公安局在无人机巡警领域走在国内前列，他们已经在警务工作中尝试使用无人机执勤，并希望能够体验更多型号特别是警用无人机在实战中的应用，同时期望能通过本次战略合作，为全国公安部门提供一套典型的战法和案例标准。

这对傲势科技而言意义重大，“虽然对我们的飞机销售没有直接关系，但是我们可以为公安系统做定制开发和配套服务，为我们开拓安保安防的应用场景提供了十分难得的机会。”高端智能飞行器警务应用创新联合实验室成立后，公安、高校、企业三个方面的优势资源和专业力量，将共同服务于警用无人驾驶航空器工作的改革创新实践。

有了之前的项目积累，傲势科技也和多省的公安部门进行合作。2018 年 8 月傲势科技和山西公安厅交警总队开展警用无人机应用培训。而在地域辽阔的新疆，传统的人防面临单位时间巡查面积小、整体巡查花费时间长、巡防人员工作难度大、边缘死角难以顾及等诸多问题。如今，无人机技术的应用将能很好地弥补现阶段的许多不足，大大提升新疆公安各项工作效率和精确性。

除了服务公安部门，傲势科技在河道巡航领域已经形成了可复制的解决方案。2018 年 8 月，常州海事局便使用傲势科技的 X-Swift 无人机系统对京杭大运河常州段进行区域巡检。这次无人机执法巡航路线包括京杭大运河常州段 5 公里内的个运河堤岸，面对曲折多弯的河道岸线，傲势 X-Swift 无人机凭借高速飞行和广阔的可视范围，成为“立体巡航”的空中之眼。在 X-GCS 地面站的屏幕上，不仅显示出无线传输的实时图像，运河航道范围内的两侧河堤情况也一目了然。根据运河监管工作时效性要求，X 系列无人机系统将实时定位实时回传，让执法人员在立体监控中心实现对指定水域的高效监控，为海事动态监管增设了空中保障。

不仅如此，X-Swift 无人机系统还可以搭载可见光光电吊舱，实现对船舶超载、违规过驳作业、违法排污等行为进行监察，记录并保存证据。同时，解决了人工无法跨越复杂环境的弊端，发现嫌疑船舶便自动锁定跟踪目标，极大提升水域监控能力。如果遇到突发情况，X-Swift 无人机系统可以提高救援效率，无人机系统在 200 米高空有效辨别落水目标能力是传统船舶可视范围的数十倍，120 分钟的续航能力可以赢得宝贵的救灾时间，在环境恶劣的现场快速搭建强大的空地海紧急救援系统。

挖掘应用场景仍然是傲势科技接下来的重点。高频、低成本、应用较简单的使用场景是郭亮及其团队的首选，“低成本客户才愿意付款，较简单才更好普及。”刘洋解释道。傲势科技在智慧城市领域，已经能够初步实现“低成本”和“应用简单”的要求。“以前只能依靠绘制图纸人工建模，但是无人机采集速度比人工快 30 倍以上，飞过目标区域可以自动建模。另外，以前 1 平方公里三维建模的成本是 7 万元～ 8 万元，现在我们只需要 3 万元～ 4 万元。”

目前，傲势科技保持着每年研发一款新产品的速度进行推进。随着应用场景的不断拓展，工业级无人机的市场也将进一步扩大。“大概还需要 3 ～ 5 年，市场就能成熟起来。在不确定的时候，坚持就好。”刘洋对未来充满了信心。

第四章
产品：新经济产业如何落地

在数据互联网时代，世界变幻如光速一般，许多画面一闪而过，不会在历史长河中留下印迹。在浩瀚的宇宙中，一个人或一个企业实在太过渺小，当创业者们高喊着改变世界的口号时，却不可避免地走入被时代遗忘的无奈。既然如此，企业还需要存在吗？答案是肯定的。

作为创造经济和创造价值的市场主体形态，企业为客户创造价值的存在理由，永不会变。如果具有为客户创造价值的能力，企业就有存在的价值，哪怕终有一天会被淡忘，也没有力量可以阻碍创新的灵魂。

在 20 世纪之前，人力需要依附机器才能创造价值，那时企业扩张的三要素是土地、现金与机器，即便在如今的流水线上，我们也能真切感受到这一“铁律”。进入 20 世纪后，随着新技术、新产业的出现，知识和技术代替机器成为第一生产力，此时，人类智慧成为能够独立创造价值的资本，占据了举足轻重的地位。这样的变化在新经济发展中尤其明显，智慧正在成为商业成败的核心因素，新经济企业的比拼不仅在于资金、资源，更在于智慧商业与智慧管理。

智慧创新推动未来商业

1990 年，雷·库兹韦尔创作《智能机器的时代》一书，他写道：21 世纪的前 50 年，机器智能可以媲美人类祖先的智能。

2005 年，在《奇点临近》一书中，他基于当时的科技水平大胆预测：2027 年，电脑将在意识上超过人脑；2045 年，计算机智能将超越人类大脑。有一天，人类生活将离不开机器智能，人类智能和机器智能结合，生物进化的速度被人工智能进化的速度所取代，这就标志着奇点的到来。

时间每走一秒，人类距离奇点时代就更进一步。如果有一天机器人智力超越了人类，世界会是什么模样？人类靠什么生存？实际上，问题的答案从未变过，人类生存与发展靠的是智慧，是我们对世界的洞察力和思辨力。人类是拥有大脑和心智的复杂物种，这和机器人有着本质区别，越是数据化、智能化的时代，人类智慧越关键。智慧创造独特，帮助人类实现从 0 到 1 的创新，不断突破极限。

机器智能可以学习计算、学习艺术，甚至模仿人类情绪和思维，或在某些领域超越人类能力，但还远远不能完全“复制”人类开创性的复杂活动。人类智慧的真正闪光之处在于不断尝试和创新，新经济的“创”业者，正体现着这一特质，他们敢想敢做、坚持创新，在错误中调整改变，在失败面前从不胆怯，走出了一条前人未有的道路。鲁莽的人无视智慧，睿智的人管理智慧，在新经济的实践中，智慧不是虚无缥缈的幻象，而是逐渐领悟到的真谛。

批量制作爆款 IP

2016 年 9 月，聂阳德到达成都的第一件事就是打造“卤娘”形象 IP。当时，以四川卤菜为主打产品的“微卤”品牌在成都已小有名气，创始人王红被称为“卤娘”，而聂阳德是其品牌顾问。按新设想，团队要以卤娘身份来打造短视频 IP 矩阵，因此新公司取名为“卤娘和她的卤妹们”。然而，六个月后，聂阳德推出 MCN 品牌洋葱视频，改名的原因之一是卤娘和她的卤妹们名字拗口，二是因为卤娘项目失败了。

在拍摄短视频之前，聂阳德以为就是“找演员演一下，然后用专业的设备、班组，一拍就火”。按照这个思路，聂阳德聘请了专业的导演、编剧、分镜头、摄影师、灯光师、场记、后期剪辑等，组建了一支高端的队伍。在制作时，团队设定出了一个卤娘角色，给人物贴上了许多个性化标签，然后让卤娘本人去表演。

但很快他便发现事情没有想象中那么简单，让一个非表演专业的人去演一个设计中的人物，效果十分尴尬。举一个简单的例子，卤娘本人的普通话不标准，但是聂阳德却要求她用播音腔表演，结果就很别扭，这不能塑造自然的人物性格，不仅粉丝们不买账，聂阳德回忆起当时拍摄的成片，自己也感到一丝遗憾，“拍摄团队确实很专业，但就是不火，连我们自己也看不完一整段视频。”实际上，拥有组建专业团队的资源原本是他跨界做短视频的一大信心，但进入后才发现，这一能力不但没有产生效果，反而造成了阻碍。面对预想与现实的反差，聂阳德陷入了沉思。

“互联网观众要的不是传统影视产品，我们忽略了这个关键点。所以后来反思的时候就想，当初为什么做？是因为相信自己对互联网的感觉，懂互联网的传播特性和流量特质。既然如此，为什么要把主动权交给完全不懂互联网的制片人？”聂阳德的思考逐渐回归到了问题的原点。在移动端浏览短视频的用户，想要看到的是普通人的真实性格和状态，而不是剧本化的表演。

意识到问题后，洋葱视频团队立即调头，寻找新办法。那时，短视频网红“PAPI 酱”估值 3 个亿，融资 1200 万，一次广告大卖 2200 万，一浪高过一浪的数据刷新了人们的认知。这样的现象引起了洋葱视频团队的强烈关注，聂阳德分析了 PAPI 酱的内容后发现，在开放的互联网环境中，人们渴望做真实的自己，也希望看到真实的 IP，这也佐证了团队的思考。

“还是熟悉的味道、熟悉的配方。”聂阳德又重新拾起了互联网圈的“平民化”打法。

2017 年 2 月 9 日，一条“办公室饮水机煮火锅”的视频在网络上疯狂传开，“办公室小野”就这样走进了大众的视野。仅凭 3 条原创美拍视频，在办公室表演主机箱摊煎饼、饮水机吃火锅，“办公室小野”就创造了超过 1500 万的播放量，风头一度盖过 PAPI 酱。当时很少有人知道，“办公室小野”不是个体，而是洋葱视频打造的 IP，在这一视频中，从人物、策划到场景再到拍摄，办公室小野都力求原始呈现，打造出符合互联网文化真实感。

这条短视频到底是如何做到真实的呢？从一段有趣的对话中可以获知一二。小野团队两个人在拍摄前，找聂阳德寻求支援。在办公室里，小野问：

“公司可以买一个单反相机拍摄吗？”

“单反相机贵，而且还重，女孩子用不方便，不买。”

“那用什么拍？”

“用手机拍，这样出来的画面镜头感最符合手机用户观看。”

“可以再招个人负责拍吗？”

“你手别抖就行了，想怎么拍就怎么拍。”

“能不能买组灯？”

“我们办公室的灯够了。”

“我们需要补光。”

“既然是手机拍，就要有真实感，该有阴影的地方就要有阴影。用了灯光，办公室场景反而变假了，我们应该坚持真实的场景。”

“不想买就不想买，还编这么多理由。”

“对，就是没钱。”

尽管是素人出镜、手机拍摄，无灯光、无场记，导演、编剧、后期剪辑全由两个人完成，这条看似粗糙却充满创意的视频赢得了网友的追捧。“办公室饮水机煮火锅”视频发布后，首先冲上了美拍的总榜单，接着今日头条、微博等平台也有了跟进，40 万播放量、80 万播放量、120 万播放量……数据一路猛涨。

之前的想法被实践验证，洋葱团队终于找对了路子。

然而成功的喜悦只是一瞬间，接下来是更大的挑战。如何打造第二个“办公室小野”？这个问题困扰着聂阳德。实际上“小野”成为爆品，运气和机遇占了很大部分，当时短视频领域还没有出现办公室场景下的美食题材，而“小野”正好踩在这个节点上。要把偶然变成必然，把运气变成实力，聂阳德还很迷茫。

那个时候，还没人知道洋葱视频，聂阳德出去分享只能讲“办公室小野”，时间一长连自己都讲倦了，于是团队暗暗憋劲，时刻都在想如何让一个内容公司持续活下来。聂阳德和团队开便始了方法论的摸索。

聂阳德做了一些新尝试，却又一次次地失败了，比如，他们趁势推出“办公室小作”，成为办公室小野家族的一员。这位小作也是个女孩子，手工能力非常强，团队给她设定为叛逆性格，希望给观众一种古灵精怪的感觉。“我们又犯了卤娘犯过的错误，首先这位小作同学虽然动手能力强，但她本人却很文静，演不了爱捣蛋的人设，所以拍出来又尴尬了。然后也配置了专业队伍，编剧、分镜头脚本路线又来了，结果就是不火。想得特别好，实现太难。”再比如，公司还投入一大笔钱，尝试过打造虚拟人物 IP，结果也失败了。

整整一年的时间，洋葱视频都在失败中煎熬，第二个爆品一直不出现，苦苦思考的 IP 打造方法一直没有成形，聂阳德感到巨大的压力，甚至走在“崩溃”的边缘。尽管如此，他仍然坚持认为“哪怕经历一次次失败，也一定要打造批量制作 IP 的核心能力”，这是一家内容公司存活下去的唯一出路。

2018 年 1 月 21 日，洋葱视频的第二个 IP 终于成功。当日，一个叫“七舅脑爷”的悬疑烧脑 IP 进入了微博热搜榜前 20 名，全网涨粉 100 万。

聂阳德发了一条朋友圈写道："五个月，从零到500万粉丝，作为洋葱旗下的自研IP，七舅脑爷再次验证了自研短视频的可行性和高成长性。"此后，洋葱视频旗下又集中爆发了"代古拉K"、"爷爷等一下"等热门IP。聂阳德在回望这段跌跌撞撞的旅程时，感觉自己就像一把钝刀，在粗糙的磨刀石上不断打磨，"这个过程就会让你成长。会把你这把刀磨得更锋利。"

风险管理理论学者纳西姆·尼古拉斯·塔勒布在《反脆弱》一书中提到，如果每次试错都让你了解到什么是行不通的，你慢慢地就会接近有效的解决方案了。他将这样的路径称为"理性试错"，每一次错误都可以是一次投资，而不是失败。有能力管理失败的人，或许会因为失败感到沮丧、焦虑，但也会产生兴奋感，因为他知道自己离成功不远了。从小处看，可以说"卤娘""办公室小作"是失败品，但从大局来评估，它们的价值十分重要。只有不断地尝试，快速的反应才能更早地找到钥匙，打开正确的那扇门。

垂直深挖跳出红海

2017年，短视频行业爆发。据《2017年中国短视频MCN行业发展白皮书》统计，这一年中国互联网短视频MCN机构数量为1700家，是2016年的4倍之多。为了抢夺用户，抖音、微博、美拍等短视频平台纷纷投入重金打造优质内容。比如，微博在2017年底宣布将成立30亿元联合出品基金，计划从资金、商业化等方面深度扶持 MCN 机构。业内有评价认为，经过两年的野蛮生长阶段后，MCN 机构虽然还会继续增加，但行业即将进入洗牌期，强者愈强、弱者愈弱的马太效应已经显现，头部的机构将收割市场。

尽管短视频用户规模和活跃度都在上升，但他们对内容也越来越挑剔，摆在 MCN 机构面前的现实问题是：在用户和平台的双重作用下，拥有优质内容就可能实现飞速增长，没有就一定会被淘汰。那么，他们应该如何创造出独一无二的产品呢？

“很多人一开始就选错了赛道，什么火就做什么，这样必死无疑。市场上同质化的产品已经够多了，纯粹模仿别人没有意义。”聂阳德说，尽管每个人的能力有限，但如果能在一个垂直领域找到自己的相对优势，就有可能脱颖而出，“把一个特点做到极致，才能让用户喜欢你，进而关注你。”“反木桶理论”认为，如果能够发挥自身的特色和优势，做到独树一帜，短板劣势并不会致命。

在洋葱视频，有很多 IP 都是因为找到了自己的优势赛道才成为了热点。

2018 年 7 月 3 日中午 12 点，拥有百万粉丝的“慕容瑞驰”在抖音上直播数头发，当晚 9 点 30 分，慕容瑞驰公布结果为 100044 根。此时，他的抖音粉丝突破了两百万人。与那些有着高颜值或专业才艺的人相比，慕容瑞驰实在很普通，但他有着异于他人的超强耐心，在抖音上，他每天都在数数，一盒牛奶有多少果粒、一袋方便面有多少根面条、火龙果有多少颗籽，一支口红能涂多少次……这些问题的答案他都能告诉你。仅靠数数这项看似寻常的技能，慕容瑞驰就成为了抖音上的“阿甘”，拥有了百万粉丝，在“数数界”，慕容瑞驰成为了一个难以逾越的标杆，坐稳了第一的位置。这就是聂阳德的方法论之一，“想做爆品就要在细分领域垂直深挖，要做出令人惊艳的效果。互联网传播就是这样，只有老大，没有老二。”

再以“七舅脑爷”为例，在打造这一 IP 之前，洋葱视频团队分析了电影类的短视频情况，发现同质化现象非常严重，比如电影解说类的产品随处可见。一个领域已经有头部内容，就不能继续跟风，不管是影视推荐还是情景剧，都有一堆公司在做，很难再去超越。怎么办？聂阳德就从题材切入，发现几乎没有人做悬疑烧脑剧，这个赛道虽小，但是也有用户需求，所以就迅速切入。在市场空白的环境下，七舅脑爷第一个视频就突破了百万次播放，很快成为了影视领域的前三名。

2018 年 2 月，洋葱视频又播种了一批种子，其中典型的就是“代古拉 K”。聂阳德及其团队打造“代古拉 K”只用了三个月时间，抖音粉丝就破千万，成为了现象级 IP。根据抖音公布的 2018 年 5 月榜单，代古拉 K 位居人气榜第一，当月视频播放量高达 8.43 亿，同时她的涨粉量也是第一，一个月粉丝暴涨 741 万。

与七舅脑爷类似，代古拉 K 在选择赛道时也面临同质化问题。

想要突破同质化困局，就必须在差异化上下功夫。被誉为“定位之父”的杰克·特劳特认为，拥有一个特性可能是产品或服务实施差异化的第一方法，但这其中有一个原则，即企业不能拥有竞争对手已经占有的同一个特性，必须另找其他的。

“当时很多人在舞蹈领域做得很专业了，我们不能再做，但是我们发现，跳舞的人不仅有专业舞者，还可以有舞蹈爱好者。和专业人士相比，她不是跳得最好的，也不是长得最漂亮的，但她有自己独特之处。”聂阳德说，代古拉 K 的“秘密武器”就是她的笑容，“在当时的舞蹈爱好者里面，她笑得最单纯美好，人们不关心她的跳舞水平如何。即便之后出现了比她笑得更甜的跟随者，但没有关系，当时只有她，所以她火了。”实际上，在孵化代古拉 K 时，洋葱视频同步孵化了另一专业舞者 IP，“但专业舞者太多，很难做出特色，最后没有成功”。

事实证明，只要找到专属特性，在同质化竞争的红海中也能找到蓝海。打开蓝海市场的开拓者，不仅能占据用户心智中第一的位置，而且更容易成为规则制定者。不过，在短视频领域，如果只聚焦单个垂直领域，也存在极大的风险，因为短视频 IP 的生命周期正在缩短，单个 IP 消亡的速度也在加快。为了能够生存和壮大下去，MCN 机构必须打造 IP 矩阵，保持持续批量复制产品的能力，避免因为依赖单一 IP 而昙花一现。

通过差异化策略，洋葱视频找到了缝隙市场，打造出了多个短视频垂直领域的冠军，并且不断创新成为引领者。这样的路径和许多隐形冠军企业的成长路径相似，在德国有一家名为克莱斯的公司，专门生产管风琴，该企业员工不足百人，年营业额也不到 1000 万欧元，但世界最负盛名的歌剧院或教堂的管风琴都由它独家制造。一般而言，垂直领域的用户量、市场份额不会太大，所以很容易被人忽略，但实际上，现阶段全品类和全平台的商业模式已经一片红海，垂直领域才是现阶段创业者发展的沃土。中国是一个广阔的市场，就算是极其细微的垂直赛道，其用户数也不可小觑。

以图书及深度内容创作、挖掘和衍生品运作为主要业务的考拉看看则是跳出知识付费、公众号等 2C 内容创业的红海，找到了蓝海市场。考拉看看从服务 B 端、G 端（政府）切入，从商业写作切入，为名人、企业、政府提供出版物的撰写、出版、运营等服务，能较快实现盈利，同时聚拢了一批有深度写作能力的图书作者、编辑团队，以图书为核心放大 IP，再延展 2C 的知识付费、自媒体、影视作品开发业务。

当信息和内容属性的自媒体过度繁荣，知识付费用通识性课程割韭菜，市场和消费者对深度、系统性知识的需求被逐渐唤醒。对应这种需求，考拉看看选择从更体系化、结构化的书籍出版做起，以此为 IP 源头，和内容源深度合作，成为他们的“内容经济人”。成立五年时间以来，考拉看看帮名人、企业、政府做文化战略规划、文化力打造，出版书籍，这部分的营收占公司总营收的 80%。2B、2G 也有助于形成品牌效应，来带动公司的品牌影响力。目前，企业员工人数近 30 人，年营收已超过千万元。

打造强大的创新能力

“我们坚持的第二个原则叫‘唯我独尊’。为什么要唯我独尊呢？就是要不停创新。你不能重复自己，不能重复别人，也不能完全顺着观众走，要有一点艺术家的坚持。有时候要用创新去引导观众。”李姝洁认为动画制作是要遵循商业与艺术相结合的创作规律的，而艺术的创作规律，最基础的一条便是创新。一部创新之作的诞生可能是痛苦的，会遇到重重阻碍，但最终的结果不会令人失望。

《十万个冷笑话》第一部上映没几天，出品公司就找艾尔平方签约了第二部电影。由于对第一部电影存有遗憾，卢恒宇和李姝洁把第二部电影当作一次补偿观众的机会，但在高兴的同时，创作压力也随之而来。第一部作品打响后，外界的期待值达到了高峰，这给艾尔平方带来了荣誉也带来了巨大的压力。想要再进步，就要突破自己，这不是一件容易的事，但好在 A 轮融资后，艾尔平方有了更多可以灵活操作的资金，也组建了综合把控能力更强的团队。

在创作《十万个冷笑话 2》时，艾尔平方发生了明显变化：其一，公司人员从不到 10 人的项目组增加到了 70 人；其二，基本控制了全产线，在质量上有了整体把控力。虽然不是所有工作都能自制，但每一个环节都具备了品控能力。

2015 年，艾尔平方还在同步着手另一部漫改作品的制作，并且在《十万个冷笑话 2》之前成功推出，这部名为《镇魂街》的动画剧集在 2016 年 4 月 28 日播出第一集时就引起了热议。当时有三部作品可以供李姝洁选择，其中《镇魂街》属于热血漫画，而这一题材比较传统，早有珠玉在前，再做出精品很有难度。

“我和老卢（卢恒宇）觉得，各种类型都应该能做出好的内容，无所谓新旧。为什么就没有人再去做传统热血动画呢？我们都有点小叛逆，决定挑战一下这个不被看好的类型。”实际上，在《十万个冷笑话》第一部的带动下，市面上涌现了许多轻松搞笑的动漫作品，大家都在朝着颠覆传统的方向努力，观众的关注点也聚集在此类作品上。在这种背景下选择逆势而行，的确需要勇气。

李姝洁为什么敢做出这样大胆的决定？艾尔平方的 COO 大宝（林美福）说：“那时候，动漫平台会给创作者一些数据，比如轻松搞笑的题材很火，就会引导大家去做。当然，延续成功路径是比较保险的，但这样就会产生依赖，在我看来，这才最不安全。所有人都去做一个类型，就没法超越，这样很容易死。”在和艾尔平方团队的交流中可以发现，“唯我独尊”的信念让她能够坚持做不一样，并且在创新路上勇往直前。当同行朝同一个方向涌去的时候，他们能

艾尔平方新作《汉化日记》海报

做到冷静分析，创作出独特的产品。

既然敢于选择冷门，那就一定要有足够强大的创新能力。在《镇魂街》的制作过程中，艾尔平方团队对原作进行了较大程度的改编和内容补充。比如，原作者在创作时漏掉了部分角色，团队在改编时就把它圆满，这也弥补了原作者的一些遗憾。结果在改编后发现，原创内容增加了一半，作品变得更加厚重，这时候，艾尔平方团队决定在播出结构上创新，采用“阴阳”双线叙事手法，单数集为“阳版”即现在篇，双数集为“阴版”即回忆篇。也有人担心观众会不会不喜欢这样的剧情设计，但影片播出后，观众看完前几集就发现了规律，不仅没有吐槽，反而感到新奇。

在成功改编了多部漫画作品之后，李姝洁和卢恒宇也开始考虑制作原创动画。讲到原创话题时，李姝洁拿起桌上早已准备好的两张明信片说：“这是目前正在做的两部原创动画作品，一部叫《汉化日记》，另一部《女娲》是科幻题材作品。”《汉化日记》番剧在2019年在B站上线，里面加入了一些成都元素，用轻松搞笑的方式去讨论人和物品之间的关系，“我们还是希望能够让观众减少一些焦虑，如果能引发大家的一些小思考，那就更好了。”

另外一部《女娲》则选择了科幻题材，这也是艾尔平方的野心所在。一提到科幻，人们最先想到的总是西方影视作品，虽然在小说领域已经诞生了《三体》这样的伟大作品，《流浪地球》的电影也已经上映，但是中国科幻作品尚在起步阶段。李姝洁认为中国文化中有很多神话（比如女娲），如果我们能够嫁接一些科幻元素，加上一些人性的思考，它会不会形成具有中国特色的科幻影视审美？艾尔平方带着这样的创意想要探索一条前人尚未走通的路。李姝洁对此有着绝对的坚持，“如果有人不看好、不支持，那不如我们自己去慢慢钻研，凡事总要有一个第一步，《十万个冷笑话》也是这样做起来的。”

在影视作品的创作过程中，经常会遇到大量阻碍，需要做很多选择。每一次选择，就意味着一次方向的改变，如何做出正确的选择？这里面起主导作用的就是“唯我独尊”，尊重艺术的创作规律决定了制作方的选择是对还是错，如果要讲创意和创新，那一定是要和过去有所不同。“但凡你不那么坚持，就有千百个机会去成为一部平庸的作品。”大宝谈到在动画制作中的感受，主创人员每次提出一个不同的观点，所有的非创作人士就会很紧张，因为这意味着巨大的投入和风险，而人性本能喜欢安稳，害怕冒险。“新的观点其实是公司最有价值的财富。创新的过程是煎熬的，但却是一定要做的。”

创新打破常规，这是企业“进化”的重要一步。但是创新同时意味着混乱和未知，在《创新者的方法》一书中，作者指出了影响公司创造能力的两种不确定性：一是需求不确定性，即用户是否会购买；二是技术不确定性，即公司能够提供理想的解决方案。任何产品创新或创作都面临巨大风险，尝试或许会犯错，但如果因为未知而犹豫不前，一定会错过良机。那些能够享受不确定性的创新者，才更有可能突破迷雾，拨云见日。

为智慧赋能

《纽约客》专栏作家詹姆斯·索罗维基在《群体的智慧》一书中提到，群体做出的决策有时会优于能力出众的个人的决策。即使一个团体中绝大多数人不是精英或专业人士，但仍然能做出超越卓越个人能力的决定。所谓群策群力，亦是如此。

在另一本有关群体智慧的著作中，英国布里斯托大学物理系教授兰·费雪认为，只要掌握群体智慧，人类就能够从复杂的泥潭中挣脱出来，对未来做出正确选择。他甚至指出，只要掌握群体智慧，盲目无知的“乌合之众”也可以变成“完美的群体”。

天才万里挑一，可遇不可求；茫茫大众，却欣欣向荣。个人智慧终究有限，群体智慧才是可持续的保障，如果能以合理方式聚集一群优秀的人才，就有可能涌现出超凡的群体智慧，越来越多新经济人关注到了这一点。

用创意生产为创作者赋能

在创意经济中，创作者是最关键的一个角色，才华横溢的创作者总是令人赞叹。创意不仅需要长时间的钻研和练习，也需要灵感和活力，但是灵感具有偶然性和不可控性，长久以来，成为创意产品难以复制的重要原因。然而，持续创作并非完全不可能，尤其对于公司而言，调动和整合更多的资源，将创作变为可持续性的活动是极为重要的。组织如何构建持续创造力？通过走访成都新经济企业，我们认为关键在于运用群体智慧，为创作者赋能。

在《重新定义公司：谷歌是如何运营的》一书中，作者埃里克·施密特提到，决定当今企业成败的因素，就是要看企业能否持续推出高质量的产品。要想实现这个目标，企业就必须吸引创意精英的加盟，并创造出让他们自由发挥的整体环境。管理学家陈春花也认为，在创意革命的时代，创意者最主要的驱动力是创造带来的成就感和社会价值。这个时候他们最需要的不是激励，而是赋能，也就是提供他们能更高效创造的环境和工具。

通过网感培训、内容创作辅导、孵化三部曲等方式，洋葱视频为创作者赋能，持续创作优质产品，帮助他们成为垂直领域的头部账号。

2018 年，洋葱集团在抖音上的粉丝数已突破 1 亿，成为了 MCN 领域的领军者。聂阳德将短视频从“作品化”转变了“产品化”，建立可持续生产的内容机制是专业团队的核心竞争力，也是群体智慧的成果。

在孵化前期 IP 项目时，洋葱视频采用了一种放养的模式，聂阳德称之为“自然成长促发芽”。“选择了一个团队，就让他们自己拍，别管他，给一些基本的方法就行了。”按照洋葱视频的 IP 孵化流程，每个新人都要参加网感训练营，培养基本的创作力，确定自己的标签和内容创作方向。培训完成后，学员会组建团队，通常是配备一位业务 BP 和一位 HRBP（HR BUSINESS PARTNER，人力资源业务合作伙伴）。

在两个月时间里，一个项目团队需要达到一定的粉丝量，比如抖音粉丝达到 50 万，如果未能完成粉丝目标，就被自然淘汰。这样的规则看起来残酷，却是洋葱视频在实践中总结出的方法论，“在我们的培养体系下，两个月可以判断出一个种子行不行”，通过优胜劣汰的竞争方式，学员会不遗余力地学习，快速成长。聂阳德设置这样的竞争条件其实是用机制去激发创作者的动力，帮助大家克服创作的惰性，高效地取得成果。

如果一个 IP 经过了前期考核，或者拍出了爆款产品，接下来怎么做呢？如何让他保持源源不断的创作力，维持更长的生命周期？聂阳德谈道，如果一直是三个人拍片，很快就枯竭了，每个人都会感到很累。一般情况下，UGC[①] 团队或个人创作者虽然会有很强的爆发力，但他们的持续力会比较弱，而商业机构凝聚了公司所有人的智慧，它不是靠某一个人的智慧而成功的。在实践中，洋葱视频找到了一些可行的解决办法。

那些在自然生长阶段存活下来的 IP 团队，会得到洋葱辅导委员会和洋葱智库的后端支持。辅导委员会由每个部门的负责人组成，包括内容策划、运营、文案等等，他们不在一线拍摄制作，但都是专家人才，深入研究业内的爆款、内容动向和规则变化，委员会可以为创作者提供专业指导，为他们输入有效的解决方案。而洋葱智库则专注于研究国内外短视频行业的趋势和动向，两个智囊团相互配合，解决内容团队创作力不足和视野局限问题。

---

① UGC（User Generated Content）指用户原创内容，是伴随着以提倡个性化为主要特点的 Web2.0 概念而兴起的。

“一个 IP 的内容品质、播放量自然上涨达标后，往往会面临突破的瓶颈。这时候，依靠两三个人的力量就不够了，我们要在后端为他们赋能。业务 BP、辅导员委员会、运营中心等部门就会对团队有较多的指导，甚至是强干涉。”聂阳德说，仅凭少数人无法保证爆款的持续生产，稳定品质需要团队共创。

比如，热点 IP“代古拉 K”在拍摄初期虽然数据达标，但一直没有爆款作品，辅导委员会分析认为，观众更喜欢视觉冲击力强的画面，所以场景需要更有动感。

相较于在室内练功房跳舞，户外场景的吸引力更强，于是专家组建议他们到室外拍摄。团队听取专家意见更换了场地，效果明显增强，“加上其他方面的优化调整，就做出了获赞近千万次的爆款作品”。

聂阳德说，专家委员会的指导可以精确到每一秒的设计，“我们会把 15 秒的视频拆分为 5 秒、3 秒甚至 1 秒来制作。”在“代古拉 K”的爆款视频中，她第一秒出现时，站在离镜头很近的地方，低头撩了一下头发；第二秒才抬起眼，与观众直接对视。就在这两秒的过程中，观众产生了一种“她为我而来，为我而跳”的感觉，从而被她吸引。

在成功打造了多个 IP，验证了洋葱方法论之后，聂阳德仍然认为：“我们还在探索内容工业化的路上，自主研发 IP 是一个很苦的过程，不仅要拼命，更要耐得住寂寞。”

与洋葱视频强指导内容制造的路径不同，麦子学院选择了通过流量为产品创作者赋能。对于教育平台来说，好老师就意味着好内容，而优质的课程能吸引并黏住用户。为了邀请到优秀的老师，张凌华亦是不遗余力，他曾经直接追到台北，力邀亚太地区 Android 技术大会主席高焕堂到麦子学院教授安卓架构课程。高焕堂是台湾 Android 领域框架开发联盟总架构师，有“安卓教父”之称，“我邀请他到成都录制课程，他挺感兴趣，”张凌华说，两人吃着台湾小吃聊合作，最后一拍即合。就这样，他获得了一份独家内容，这套课程在上线第一天就创造了 24 万元的收益。

在谈话过程中，张凌华一直重复一个核心观点——麦子学院的核心能力是数据加流量。在他看来，数据和流量一是为平台吸引、留住优秀的老师，二是为用户提供个性化产品。“我们一般会根据行业大数据分析，确定课程主题，然后再去寻找合适的老师制作课程。”张凌华说，精准的课程主题判断为产品畅销奠定了基础，这是老师个人做不到的。但是平台老师有一定的名气了之后，就会变成个人 IP，流失率也会大大增加，麦子学院如何把他们留住呢？

“流量一定要大，只要有流量了，老师和内容都会来找你。”张凌华的方式简单粗暴。除了平台宣传之外，麦子学院还会到外部导流，包括发广告来给老师个人导流。不管是买断课程还是分成模式，麦子学院能让老师们得到更高的回报。“由于平台流量好，老师会直观感受到课程投放效果，如果认可麦子的流量，可以签独家。”张凌华在回应友商竞争的问题上时表示，虽然独家优质课程能够增加平台收益，但如果有其他平台邀请麦子学院的老师，公司不会多加干涉。“我们的核心能力是数据和流量，并不担心他人来分享教师资源。”

用区块链技术附能创作者

2016年上半年，王兴在内部提出了互联网下半场的概念，此后该概念迅速火爆。在内部讲话中，王兴提到“流量的稀缺”是下半场的主要特征之一，这一点让各领域创业者感同身受。从2017年开始，关于流量的焦虑让几乎所有行业都感到不安，即使占用国民时间最多的微信也受到挑战，公众号从业者明显感受到打开率下降，电商公司纷纷调低业绩增长预期，广告平台的用户容量已经趋于饱和。

是什么原因导致了流量的匮乏呢？实际上，流量总量没有大幅度变化，变化的关键在于渠道。在没有互联网公司的时代，流量主要集中在线下，实体门店就是流量入口，而后淘宝、微信纷纷成立，流量转移到了线上。随着各类型渠道和平台越来越多，流量进一步分散，原本中心化的流量聚集，开始变为了去中心化的流量分散。从一元（线下）到二元（线上＋线下），再到多元化，流量不断从中心被打散。

流量的变化也呈现在公司的业务变化上。2017年，随着比特币等数字货币的牛市到来，越来越多的投资者进入这一领域，据不完全统计，在 2018 年年初有近 2000 家区块链媒体和自媒体成立。但是随着数字货币进入熊市，市场低迷，流量红利也很快被消耗，区块链媒体开始面临着转型。在 2017 年成立的千氪财经，便是其中之一，2018 年 7 月之前，千氪财经主要为 C 端用户提供行业资讯和内容服务，随后在资本帮助之下，开始从服务 C 端转型为服务小 B 端内容生产者。

“他是 1994 年的创业者。”伯恩资本的褚浩回忆起第一次和千氪财经创始人张淞皓接触的过程，不禁说道。2017 年，区块链项目炙手可热，褚浩也在成都寻找优质标的，经朋友介绍，褚浩在成都的一家酒店和张淞皓见了面。这是一个刚刚大学毕业的小伙子，脸上还有些稚嫩，但是褚浩在他的言谈举止间却没有感受到年轻人的轻狂，反倒十分沉稳和谦虚，灯下漫谈，褚浩了解到眼前这名年轻人已经不是创业的新兵。

在大学期间，张淞皓就在宿舍研发了一款游戏软件，当时在国外市场获得 300 万用户，卖掉这个项目后，张淞皓收获了人生第一桶金。随后，凭借对技术的好奇，张淞皓开始接触比特币交易，并成为较早进入区块链行业的创业者。

当张淞皓来见褚浩的时候，正是希望能依靠资本的力量，实现公司进一步发展。褚浩给张淞皓提出的意见就是转型，仅仅依靠 ToC 的媒体咨询服务很难实现变现，而且区块链行业受市场影响较大，牛市用户关注度高熊市关注低。在 2018 年 7 月完成数百万投资之后，张淞皓沿着这条轨迹开始转型。

在 2018 年 7 月 23 日的融资披露中，千氪创始人张淞皓表示部分融资会用在以下三个方面：扩大内容受众，实现 1000 万在线内容创作者，更好地服务平台上每个人；增加 AI 深度学习，更好地匹配读者、作者及广告商，实现更精准的投放；完善区块链技术体系，让内容创作者的版权得到更多保障，促进内容更广泛的传播。

千氪针对一些行业痛点，提出了千氪的创新模式。以独立作者为核心，应用区块链技术做底层储存与溯源，将作者的每一篇文章都记录在链，有效保证作者版权的同时节约 40% ～ 50% 的成本。进入千氪的内容创作者将得到千氪线上线下的定制包装，其所创作的内容将能够通过全网 260 万 B 端数据进行分发。千氪财经从服务 C 端读者，转变为赋能 B 端创作者。

用组织为创作赋能

优质内容创作与运作机构考拉看看则用另一种方式赋能创作者。2015 年初，马玥与搭档创立了“考拉看看”，通过连接作者与图书出版及内容延伸端，深度挖掘并孵化各类内容作品。“外界一般人看，考拉看看就是帮人写书、帮人出书、帮人推广书、帮人通过内容提升品牌”，马玥说，“但是考拉的内容链条远不止于此。她认为，知识付费的春天正在到来，考拉看看是一个苗圃，正在批量培养作者团队，深度内容创作的需求非常旺盛。

截止 2019 年底，考拉看看已出版上百部财经金融类书籍作品、数百期音频课程、为超过 100 位个人运作图书作品及衍生品，并为政府提供调研报告、项目策划、图书作品等内容服务。其中包括经济学家周其仁教授、西南财大名誉校长刘诗白、西南财大金融研究所所长曾康霖、娃哈哈集团董事长宗庆后、正泰集团董事长南存辉等知名学者和企业家，以及吉利集团、万向集团等中国知名企业。

图书出版是一项高人力成本、慢工出细活的工程。考拉看看将图书创作流程“拆解”为 N 个环节，例如资料搜集、采访、内容建模、框架设计、初稿写作等，这种专业化分工既能保证人员高效创作，又能保证内容输出的品质，同时激发创作者灵感，减轻创作负担，让人找到持续创作的最佳状态。

在创作团队的构建方面，考拉看看以内容产品为导向，每本书由 2 ～ 4 人的项目组来跟进完成。在人员分工上，由项目负责人把控外部市场，负责衍生产品的定位和开发，执行端负责销量的提升。原创作者、编辑也分领域，成为各自赛道的专家。通过小组作战模式，考拉看看最快在半个月至一个月能创作一本书。根据不同项目特点和需求，有的作品需要创作 2 ～ 3 年，有些则需要 3 到 6 个月。通过项目实践、内部方法论培训等方式，考拉看看创作团队在图书作品的完成效率和品质方面都超越了同行水平。

走进无边界

1994年，凯文•凯利完成《失控》一书时，鲜少有人能够完全理解书中的景象，二十年后，越来越多人意识到，他在书中的预测成为了现实。这本书的英文名为“out of control”，中文翻译“失控”，但却不是指失去控制的混乱状态，而是代表生态系统里的一种不受外界干预的自发组织秩序，理解为“控制之外”或许更为恰当。

凯文•凯利举例说，单个蚂蚁或者蜜蜂的行动回路十分简单，但当巨量个体组成为组织体，整体的行动则呈现出一种近似于智慧生物的秩序和效率，这就是自下而上的集群智能（Wisdom of Crowd）。而自上而下的控制永远无法实现这种本质上没有限制和边界的智慧。

或许有人会疑惑，凯文•凯利所谈及的失控，与泰勒时代把工人当作机器训练都是为了达到一种有序的状态，这两者有什么区别呢？最大的区别在于是否激发个体智慧。20世纪的管理者，希望用自上而下的组织干预方法实现高效有序，这样的方式拒绝个体智慧；而未来的管理者会学习如何在控制之外创造更多的空间，让组织中的个体发挥聪明才智，从而有意识地完成自生长。

这种“失控”的状态会展现在公司的方方面面。在新经济企业中，业务、产品组织架构的模糊和跨越便是其中之一，许多创业者、投资人和专家学者，喜欢把这种不断突破自我的生存方式，称为“边界突破”。比如，面对“你的产品是什么？”这个简单问题，似乎越来越多的人无法描述。在商业模式、产品形态日新月异的今天，产品是可见的，也是不可见的。更有意思的是，产品正在进行无边界的自我生长和演变，一款产品在真正面世之前，没有人敢肯定地说它是怎样的，即便在推出之后，它的样貌也在不断变化。如今，无边界的产品和组织正在成为常态。

产品无边界

“最开始我们想做一个纯粹的网站，类似于 Facebook 的纯粹社交网站，只不过是运动健康版。”咕咚创始人申波的这一想法，在创业不久后就变了，他“被逼”做了硬件制造。

按照原本的模式，用户在咕咚网站上可以手动记录自己的运动数据和饮食信息，然后网站会分析用户数据并提供运动健康建议。但是运行两三个月后，他们就发现一个问题，用户很难准确记录自己的运动时间和跑步里程，数据真实性太低，比如，“明明没跑 10 公里却写成 10 公里，这样的数据不可信，我们提供的建议就不合理。”

发现这一漏洞后，申波想到，需要一个健身追踪器来记录用户真实的运动数据，而且最好是可以随身携带的，所以咕咚一开始做了一款像夹子一样的产品，但很容易掉落。那时候，国外已有穿戴设备的概念，也出现了一些产品，申波分析了之后认为："最好的形态要么是手环，要么是手表。"咕咚最终选择了手环。

就这样，咕咚变成了一家硬件公司，靠销售智能手环赚钱。这款健身追踪器甚至还卖到过韩国，有家韩国健美院需要联网设备，可以记录用户的运动，他们在中国找了一圈，发现只有咕咚在做，所以便采购了一批。申波说，2010 年底融资后，咕咚扩大了联网范围，"想把所有不联网的运动配件全部联网"。除了健身追踪器之外，咕咚实现了手环、自行车码表联网，甚至还想过做跳舞毯联网。此时，智能穿戴设备概念刚刚兴起，咕咚已经走在了市场前面。

到了 2013 年，有着"互联网女皇"之称的玛丽·米克尔将其定义为"可穿戴设备元年"。这一年，仅手环产品就出现了三星 Galaxy Gear、奇虎 360 儿童卫士、Fitbit Force、Jawbone 等品牌，行业风口已经打开，引诱着竞争者们入局。然而，就在行业变热的时候，申波果断放弃了手环硬件业务，他清晰地认识到，咕咚不是一家智能硬件公司，不会为了做硬件而做硬件。手环也好、眼镜也罢，产品的形态并不重要，重要的是它可以采集、存储和分析用户运动数据，"硬件是一个价格战市场，总有公司比你的产品更便宜，我们在价格上不会有太大优势。从始至终，我们的核心点都是收取用户的运动数据，而不是做硬件。"

2012 年后，咕咚转向移动互联网化，开始研发 APP 产品和硬件连接，基于此，咕咚 APP 实现了运动数据记录、社交、电商等功能，用户量在 2015 年达到 2000 万，2017 年积累达到 8000 万。此时，咕咚的用户需求也发生了变化，这影响到公司产品的改变，“2017 年之前，我们做的就是鼓励用户运动。2017 年后，有一部分用户产生了培训运动方法的需求，所以新增了在线培训产品，包括在线免费课程、私教课、真人教练直播等。”

在这时候，申波发现硬件产品的机会又来了。一方面，软硬件产品的配套使用变得更重要；另一方面，现有的手机 APP 软件暴露了一些问题，比如无法记录运动时的心率，而手环或其他硬件可以做到。此前，申波放弃手环产品的原因之一就是手环记录数据的功能和 APP 的记录功能重叠了，比如手环可以记录步数，APP 也可以，这样一来，用户不需要专门购买一个手环，但咕咚推出的新手环可以检测心率，这是手机 APP 软件做不到的。这类变化意味着，智能硬件进入了差异化竞争阶段，市场拼的不是产品价格，而是创新和品质。

2017 年，咕咚在硬件领域再次启程，相继推出了智能运动跑鞋、耳机、体脂机等产品，其第一款智能跑鞋在京东的众筹金额就突破 600 万。在销售方面，咕咚把软硬件产品进行了结合，比如，咕咚曾和野小兽动感单车合作，在咕咚商城活动期间，消费者不仅能够以折扣价购买到单车，而且可以获得咕咚提供的免费直播课程权限。

此时，外界再也无法用硬件公司或者软件公司去定义咕咚。而在申波看来，软硬件产品的延展和融合，为咕咚构建了完整的健身体系，“我们做硬件产品去产生数据维度，然后把咕咚的课程、音频、视频叠加在上面，打造一个真正的健身体系。”

“我们研究发现，数据才是整个运动产业的根本，而数据行业和硬件是相关的，所以要软件硬件结合。从这个角度上，我们在业内有最强的软硬件整合能力，而且是以数据为中心。咕咚有 200 多名员工，其中 40% 都是技术人员。”申波谈道，咕咚本质上是一家数据公司，“我们不仅记录数据，而且基于数据为用户提供服务，使数据产生更大价值”。咕咚既属于运动产业，也属于大数据产业，这样的跨界融合使其产品有了更多的可能，围绕运动数据这一核心，产品形态变化万千，边界变得模糊。

在新经济领域，类似咕咚这样产品形态多样的企业还有很多。比如，奥北环保以垃圾分类为主，但平台同时可以提供环保教育、环保咨询等产品服务。而洋葱视频创始人聂阳德则把公司定位为“内容生态公司”，在被问及短视频产品是否会消亡时，他回答说：“短视频会消亡吗？会。但我们在意的是内容的生产能力，而不是简单依附于一种形式。从古到今，内容从未消亡，但形式非常丰富，羊皮卷、书籍、图文、电视、视频……有的形式消失了，有的一直存在。也许洋葱今后会转型做基于全息影像技术的产品，但还是内容为王。”

组织无边界

2016 年，超有爱公司创始人欧阳丹感到了一些压力。这时候他已创业四年，凭借背单词“神器”百词斩积累了上千万用户，成为了在线教育 APP 领域的前三名，公司盈亏达到平衡。然而在这时，公司的盈利增长陷入了困境。

“为什么收入一直没有做上去呢？”

“因为当时在线为知识或课程付费方面，消费者的习惯一直没有培养起来。以前尝试过在 APP 上付费，但流程非常麻烦，用户也不是特别买单。”余昊说。

与此同时，百词斩 APP 在变现产品上也未能打开局面。互联网常用的变现方式有三种，即广告、游戏和电商，但前两者和百词斩的教育属性“调性不符”，因此团队选择了做电商。在百词斩 APP 上，团队推出了笔记本、文具等文创产品和图书销售，因为这类产品和文化相关。为了做好产品，公司所有产品都自主设计，但收入并不理想。如何更好地变现？这成为了欧阳丹思考最多的问题。

一年后，超有爱公司陆续推出了薄荷阅读、蛋糕英语、芝士派、番茄英语等产品，快速抢占了在线英语课程付费市场。从产品来看，蛋糕英语专门为幼儿和少儿打造英语课程，番茄英语针对口语学习，薄荷阅读主打英文阅读，芝士派则聚焦英文听力学习，加上单词记忆工具百词斩，基本覆盖了英文听、说、读、写四大板块。从用户来看，全线产品覆盖了幼儿、青少年和职场人士三大群体。

以薄荷阅读为例，这款产品提出每天阅读10分钟，100天读完英文原著的理念。根据用户在线上测试出的单词量，平台会为其推荐入门课程、经典课程、进阶课程或是高阶课程。比如，在高阶课程中，用户可以选择100天读完商业书《精益创业》《从0到1》，也可以选择读完小说《遇见你之前》，每套课程收费149元，用户购买课程后，会扫码加入微信社群。在课程进行期间，用户每日完成1000字左右的阅读材料后，需要完成一些简单的内容测试题。当晚，带班老师会在微信群中对内容进行总结、讲解，并引导学员讨论。

2017年6月，薄荷阅读正式上线后，短时间内就收获了一大批用户。比如，2018年3月底开班的一期高阶课程微信群中，有近500位学员，包括学生、职场新人、全职妈妈，而入门级课程中还有不少退休的中老年人。为了创造自传播口碑效应，薄荷阅读设置了打卡激励机制，在100天的阅读期中，超过80天打卡记录的学员，便可以在课程结束后获得所读书目的纸质版，而打卡的方式是在朋友圈公开分享阅读链接。

一年时间内超有爱科技密集推出了多款产品，如此快速的集中爆发背后有哪些原因？

一方面，微信支付简化了交易流程，变现从复杂变得快捷，比以前容易太多。另一个更重要的原因是，2016年超有爱科技进行了组织架构调整。

2016 年，全公司从一个整体拆分为六个项目团队，每个团队各自去摸索产品打造。“那时我们虽然流量大，但就是没办法变现，挺焦虑的。最后实在想不出什么办法，干脆大家各自去探索，没想到试出成果了。”

从组织形态来看，超有爱公司采用了类似阿米巴式的架构，每个项目团队就是一个阿米巴，在产品设计、运营等方面都拥有自主权，而且财务独立。在这样的组织结构中，项目组成员自己选择方向，做自己想做的事，他们内心的热情和动力被充分激发。另外，在项目过程中，团队拥有决策权，公司基本不做干涉，人才感受到尊重，就会倾尽所能干好事业。

这些独立团队的自治权相当高。CFO 余昊介绍，团队做的业务完全自己负责，不用向欧阳丹汇报，欧阳丹也不去干涉独立团队的工作，“可以说是完全独立。”

经过一两年的尝试、调整，超有爱基本确定了比较完整的阿米巴组织模式。比如，一个初创团队不到 10 人，成熟期可能会发展到二三十个人。每个项目组有一位领导者，但实际上每位成员都是主角。“一个初创项目有三年时间去折腾，公司会通过用户体验、营收等数据进行考核。”余昊说，公司会从战略上进行梳理，为小组提供方向参考，“但最后做决定的还是团队自己”。

由于每个员工都成为项目的利益相关者，所以企业内部出现了有趣的现象——团队问题不是钱花得太多，而是太少。每个人都想尽办法用最低的成本创造最大的价值，大家追求经费最小化，从来不会铺张浪费。余昊说：“很多时候，我们要告诉他们应该花点钱了。”

通过打破组织结构，超有爱实现了自下而上的创新，从只有一款产品的公司变身为企业孵化器，孵化出了更多像“百词斩”一样优秀的产品。比如，欧阳丹自己牵头做蛋糕英语产品，在产品打磨期间，他“驻扎”到一家小学进行小范围测试，每天找学生做产品测试，整整待了大半年，直到发现孩子们使用后都有成效，他才到线上去大规模推广。可以看到，小组织运作激发了团队的创业热情，这才有了后续源源不断的产品输出。

此外，在孵化路径上，超有爱也找到了适合自己的方法论。余昊谈道：“我们公司特别推崇精益创业的方法论，小成本探索，然后快速验证。”《精益创业》一书的作者埃里克·莱斯提出“最小可用品”概念，意即用最快的速度和最简洁的方式，把新产品开发出来，只有做出了 1.0 才会有快速迭代的可能。在孵化薄荷阅读的时候，团队没有一开始就投入成本去研发新的应用软件，而是借用百词斩平台实验了阅读服务。在发现用户愿意花钱购买后，就在百词斩的界面做了一个简单的购买页，“结果发现转化率非常好”。在验证可行性之后，薄荷阅读团队才推出了微信课程产品。通过薄荷阅读的实践，公司发现微信课程是更优的变现方式，这给其他产品带来了信心和经验，纷纷加快了上线速度。

“内容是一个特别难的行业，你现在做了一个好的产品，不等于你下一个产品就能做好，所以你必须要有适合的组织架构才能够做大。”余昊说，公司的组织架构对大量潜在的创业者很有吸引力，内部团队不到一年时间就从6个增加到10个。

我们发现，组建阿米巴小团队作战已经成为了新经济企业常用的管理方式。比如，极米科技内部也成立了多个独立团队，各自有不同的产品研发方向。钟波认为：“一个公司在规模较小的时候通常更有创造力和想象力，所以效率就会更高。”同样的，洋葱视频在孵化项目时也采用了2～3人的小团队作战模式。聂阳德说：“主创团队最多三个人，这样的沟通最有效，战斗力也更强。”

当然，公司作为统一的组织架构，帮助项目团队发展也是极为重要的一环。

超有爱科技的办法是企业文化。余昊认为，企业文化对组织起到了良好的支撑作用，“是我们最核心的竞争力”。在他看来，各个阿米巴团队能够独立运作，而且达到了相当的规模，就是文化驱动的结果。

首先，超有爱科技内部形成了默认信任的氛围，即组织给予每个人最大的信任，同事之间也建立了高度信任的关系。“公司内部没有太多具体的管理制度，我们提倡用文化来管理。”余昊说，公司人才筛选标准非常严格，关键是要找到和企业文化价值观相符的人，比如，人才本身就有很强的自驱力、自律性，入职之后公司会给予他们最大的信任。在默认信任的作用下，内部沟通成本得到了有效降低。

其二，相信科学方法论是团队的共同理念。拥有科学观的人更能看清事物的本质，以欧阳丹个人为例，他曾创办过一家游戏公司，在这期间他发现，游戏和教育的本质是相通的。在玩游戏的时候，玩家需要先学习一套游戏规则，而玩游戏就是应用规则的过程，他们会从中获得快感。其实学习也是一样，人们要先学习一套规则，然后把它应用起来，在找到共性后，欧阳丹认为，可以用做游戏的方式去做教育产品，建立一套学习规则，并帮助用户用好，增强用户的自我效能。可以说，超有爱就是基于科学方法论而创立的。

“在很长的时间里，教育都是一门经验学科，很多时候是凭着经验在做。而我们把教育当作一种社会实验，希望通过科学方法，把它变成一个更像科学的学科。”余昊认为，这一理念会引导团队做出理性决定，许多看似复杂的问题会变得简单清晰。比如在出现分歧的时候，就用科学办法进行科学验证，拿数据结果说话，从而减少大量无效争论。在这样的理念引导下，超有爱研究了许多科学方法，就连产品命名也有一套完整的方法论，包括头脑风暴、筛选、用户测试、测评标准等。

除了默认信任和坚持科学方法论之外，超有爱还建立了透明的机制，极力营造公平的环境。比如，关于股权制度方面的信息，公司会向员工开放，做到公开透明。这样的机制也反过来促进了内部的信任感，使得组织在快速变化中不失稳定。在独特的机制运作下，其他竞争对手很难成功效仿，同时，独特的企业文化吸引了优秀人才的加入，形成了良性循环。

超有爱科技内部组织结构的变化，是这个时代必然的发展趋势，这是一种打破管理边界，用最小的成本获得最大创造力的方式。正如浙江大学管理学院魏江教授的看法，“对于未来的企业而言，内部采用项目化的管理，一个一个项目才是越来越重要的，项目组织是一个企业最具活力的体现。”

5 第五章 用户：需求与消费变革

“不必做市场调查，因为消费者自己也不知道自己想要什么。”

这句出自乔布斯的豪言壮语颇似塞壬的魔咒，充满诱惑，让不少航海者寻得宝藏，但是却让更多的新水手误入歧途、折戟沉沙。

乔布斯也为这样的认识付出过代价。

1984 年，苹果公司推出了 Mac 电脑并大获成功，在接受《花花公子》杂志采访时他直言，“我们是为自己制作（Mac），我们自己决定这个产品到底好不好，不会出去做市场调查。”然而，好景不长，乔布斯和苹果公司很快就因固执吃了苦头。

1985 年微软公司发布了 Windows 图形界面操作系统，苹果公司迎来了强有力的竞争对手。尽管 Mac 具有比微软更领先的图形界面，但是高居不下的价格和兼容性问题，很快让其从个人电脑战场中败下阵来。

经此一役，乔布斯被迫离开他一手创办的苹果公司。而微软Windows 操作系统则称霸个人电脑数十年。

天才如乔布斯也在用户问题上栽了跟头，年轻的创业者在面对这一问题时更棘手。如何找到落地场景？如何获取第一批用户？又该如何维护用户的长期活跃度？答案高悬在空中。特别是在新经济领域，高速发展的技术和“见异思迁”的用户之间，留给创业者的是一个“无人之境”。在新市场中，没有放之四海皆准的套路，只能不断尝试和摸索。

抵达需求本质

福特汽车创始人亨利·福特（Henry Ford）曾经说过一句和乔布斯类似的话：“如果我问顾客想要什么，他们可能会说自己想要一匹快马。”诚然，在汽车诞生之前，消费者不知道需要一匹快马还是汽车。但是在现象的背后，是消费者对“便利”的本质需求。抵达本质的道路如同进入米诺斯[①]迷宫，有的创业者迷失在“此路不通”的角落，有的则成为英雄忒修斯找到了通往出口的“毛线”。

---

① 米诺斯迷宫的传说来源于克里特神话，在古希腊神话和《荷马史诗》以来的各种文学著作中都大加描写。

寻找场景与入口

优客逸家的创始人刘翔在刚开始打磨产品时，对用户的需求做出了错误的判断。刘翔认为虽然是租住房，但是应该为用户营造出家的感觉，除了卧室，必须设置公共娱乐空间，所以优客逸家最开始装修的两套房子拥有宽敞的客厅和餐厅，其公共空间甚至占到整套房屋面积的50%以上。

但是等这两套人民公园旁（成都炙手可热的商圈）的房子装修一新进入寻租阶段时，原来料想中炙手可热的求租场景却和实际情况形成了鲜明对比。

刘翔在豆瓣、同城网站等BBS上推出了租房信息，网友积极的评论和反馈，仿佛验证了刘翔之前的设想，但是当他兴致勃勃带着租客参观房间时，却“没有人愿意为客厅买单”。租户一进房间便直奔卧室，检查完卧室后又开始查看洗手间和厨房，对于刘翔最得意的客厅，大多数租客并不“感冒”。

一次，刘翔发现客厅墙壁上有一块石灰受潮脱落了，便担心客户会对此不满。但是客户看到之后，指着墙壁对他说道，“这可不是我弄的，我平时基本不使用客厅。”刘翔这才反应过来，对于租客而言，客厅使用价值相对低下。

除此之外，更重要的问题在于客厅在增加成本的同时并不能为房子带来更高的溢价。

优客逸家的定位是为年轻白领提供服务，但是实际上这类人群的支付能力并不强，“（优客逸家）当时一个套二的房子租金3000元，两户人租住每户均价1500元。而当时同类型房屋的出租均价只有800元。”没人愿意多掏高出一倍的价格支付房租，而有支付能力的中年人群，对优客逸家引以为傲的装修风格不感兴趣。

刘翔不得不放弃之前的装修方案，开始对住房客厅进行改造。从第三套房屋开始，优客逸家把通风透光的大客厅变为一间独立主卧，而公共空间只保留一小部分，满足租户使用需求。这样原本1500元的房租，每人均摊只需要1000元左右，价格降低，这样的产品才受到用户的广泛欢迎。

刘翔不是唯一一个对用户需求定位模糊的创业者。极米科技创始人钟波最早对用户画像也产生了误判，钟波曾以为无屏电视的主要市场是“租房一族的第一代电视”，后来事实证明并非如此。

从调查结果来看，租房一族在电子产品消费上，首先是对iPhone的购买需求，排名第二的是苹果笔记本电脑。而真正对无屏电视有需求的反而是30～35岁，具有一定经济实力，追求家享大屏幕快感的“消费升级”用户。

对于创业公司而言，获取第一批用户是一个令人头疼的问题。优客逸家和众多初创公司一样，均是在产品或模式尚未成熟时，通过小步试错来迅速迭代，以摸清楚真正的用户需求和用户画像，进而抓住客户。

优客逸家的服务是对传统租房服务的互联网化升级，消费者对此有天然的熟悉感。而另外一些新经济企业，其产品或服务却是之前尚未出现的，对于他们而言，要获得第一批种子用户则更需要投入成本进行市场教育。

如何以最少成本达到最佳的获客效果？2015 年 8 月，23 魔方的周坤开始思考这个问题。彼时，23 魔方已经上线了第一批产品。当时的基因检测还不为大众所知，就算对此有所了解的用户，对它的印象只停留在高售价的贵族消费上。999 元的 23 魔方产品，急需一个让消费者认识的窗口。

周坤试过许多种方法，比如和高净值人群集中度较多的保险公司合作，面向公司员工进行推广。又或者通过与航空公司合作，在航班上推出广告。作为流量入口，这两种方式能触达的用户有限，真正起到轰动效果的还是和滴滴、一号专车合作的推广活动。

2015 年，网约车业务正在全国处于扩张阶段，滴滴、Uber 等公司激战正酣。为了吸引更多乘客使用，它们也在寻找有吸引噱头的合作伙伴。同时，网约车的用户和 23 魔方的定位用户也有很大重叠，一是愿意尝试新鲜事物，二是有较强的支付能力。

周坤选择北京、上海、深圳、成都和杭州这 5 个城市，推出了 23 魔方基因专车活动。活动规则是，打到专车的消费者可以免费体验23魔方的基因检测服务。虽然每个城市投放的车辆不超过10台，但是通过滴滴和一号专车庞大的线上流量，23魔方迅速在消费者中间打出了知名度，“连不少之前尚未接触的供应商都知道了我们”。

周坤打响“第一炮”花了不到1个月的时间，而在环保领域，市场教育却是文火慢熬。

中国从1999年开始，便在全国范围内推行垃圾分类。地方政府、学校、NGO和环保企业，通过社区动员、宣传海报等方式来普及垃圾分类的知识。不过直到今天，中国的垃圾分类普及度也远远比不上欧美、日本等发达国家。

2011年汪剑超加入到成都绿色地球公司从事环保行业。当时他们就面临这样的尴尬状况：政府部门希望能体现出“环保的氛围”，于是投放了许多分类垃圾桶，组织了不少环保讲座和宣传活动，但是热潮过后一切照旧。社区居民并未形成垃圾分类的习惯，之前投放的分类垃圾桶等设备也形同摆设。

汪剑超当时和团队一起，想通过游戏化的方式来取代高成本、低效果的垃圾分类教育。

绿色地球设计了线上垃圾分类投放的小游戏，用户注册账号，将获得一个二维码，通过这个二维码可以对垃圾的归属进行确认。用户每投掷一次垃圾，便可以获得相应积分，达到一定积分便可以换取生活用品甚至现金提现。如果用户投掷的垃圾未进行分类或者分类错误，团队会专门打电话或发短信进行知识普及。

原本用户的垃圾分类行为没有任何第三方机构对他进行反馈，久而久之，用户的环保热情就被磨灭了。但是绿色地球的积分机制可以增加用户的体验感，正向的反馈可以鼓励用户将这一行动持之以恒。

这种设置让公司收获了不少环保粉丝。2017年汪剑超受邀参加《一席》节目，在节目中他分享了一个用户故事：成都某社区的保安大叔不仅是绿色地球的忠实玩家，热衷于垃圾分类，还将小区里没有参与这一活动的住户垃圾收集起来进行分类，以获得更多的积分和奖励。“这位大叔每个月兑换的生活用品都用不完，他又向身边的朋友分享，同时还推荐了我们的产品”。通过环保爱好者和社区居民的分享和传播，截至2017年年底，汪剑超和团队已经服务成都460余个社区。

一款产品或者服务，在诞生初期都面临两大问题：其一，产品或模式不够完善；其二，缺少用户和相关资源。刘翔、钟波、周坤和汪剑超，这4名创业者在产品冷启动时都在不断摸索。

创业公司往往需要对种子用户进行定义，寻找和产品最契合的用户群体，并且在一定用户范围内进行产品试验，摸清用户画像和用户需求，不断完善打磨产品或服务，在此基础上，降低获客成本，寻找抵达用户最近入口。

找准你的用户

C 端消费者注重个人的体验，追求产品使用的便捷性和乐趣，其消费行为容易受到广告影响。而 B 端客户则更加理性，注重效率、成本、管控，追求服务的稳定性、安全性和保障能力。对于 B 端客户而言，只有真正解决他们痛点的服务，才会被采购。没有对一个行业深入了解，很难“知己知彼”服务好 B 端客户。

王宏波在创办侠客岛之前，对小微企业的痛点深有感触。2007 年，王宏波开始了第一次创业，但是很快就遭遇了滑铁卢。当时他们在北京简陋的办公室办公，招聘的人才往往看到办公环境就已经心生退意。人手短缺再加上物业、人资、税务等繁琐的手续，创业团队疲于奔命。这次惨痛的失败，让他意识到小微企业的创业环境和世界 500 强企业的工作环境简直有着云泥之别。

7 年后，那次切肤之痛为他创造了新的机遇。2014 年当他再次创业时，就把目光锁定在解决小微企业的办公环境问题上，决定打造联合办公空间。

需求是客观存在的，但是要让小微企业了解自己的需求又是另一回事。特别是让客户接受联合办公这样新颖的办公模式，不是一件容易的事，在当时的国内市场，“联合办公”这一说法还未流行开来。

2015 年年中，侠客岛第一家办公空间开业三周之后，王宏波心急如焚。他每天要接待十几家公司、政府考察团队和创业机构参观“岛里”办公空间，但是却没有一家公司签订租赁合同。时值盛夏，空荡荡的办公室却让他如坠冰窟。

这个名为“节能岛”联合办公空间位于天府二街的一栋超甲级写字楼里，面积2000平方米，有247个工位，其中一半为开放工位。办公区除了咖啡厅、会议室和健身房等公共设施，还设置了一个能容纳300人的路演厅。为了增强空间的智能化水平，王宏波甚至在当时就和Face++合作，在办公室引入了人脸识别系统，并且给每个房间设置了智能锁、电子显示屏。但是做了巨大投入后，原本能够容纳30个小微企业的“节能岛”，一家企业都没有入驻。

教育市场是一个痛苦的过程。为了招揽生意，团队费了很多心思：一方面在路演厅接培训、会议等各种活动，另一方面通过朋友圈和微博做推广，拿着传单四处扫楼。但当时在成都，对于刚刚出现的联合办公模式，大多企业持观望态度。闲置的办公室每一天都在烧钱，从创业之初到办公室装潢完毕的半个月后，创始团队前期投入的500万元已经所剩无几，王宏波不得不追加了100万投资。

2015年6月21日，王宏波和创始团队邀请身边的亲朋好友，在“节能岛”举办了零岁生日Party。两周之后，终于有一家设计公司明确表达了租赁意向，他们考察了办公设施，当即就签下了租赁合同。一间办公室外加6个开放工位，一共10个工位，按照每月1000元

/ 工位出租。原来这家公司急着找办公场所，但是附近的写字楼都需要较长的装修时间，他们看中侠客岛设施完备能“拎包入住”。第二天，公司团队便搬进了“节能岛”开始办公。

王宏波悬着的心稍稍落了地，“至少证明了成都联合办公空间是有市场的”。据他介绍，2015 年 9 月之前，公司的入住率大约在 38% 左右。而在 2015 年 9 月之后，随着双创热潮不断升温，新经济企业纷纷成立，侠客岛也迎来了第一次入驻高潮，到同年 11 月底，2000 平方米的“节能岛”已经基本住满。

同样是切入 B 端的市场，源本生鲜的创始人徐晓晨则是在经历了阵痛之后，才真正寻找到合适的 B 端客户。2014 年刚开始创业时，徐晓晨的项目是面向 B 端餐饮企业的生鲜电商平台，但他却遭遇了出师不利。

在组建团队时，徐晓晨选择的都是业内资深人士。虽然看似这个行业有很多机会，但大家依然比较迷茫，不知道如何扩大规模，如何切入，只能摸着石头过河。

于是，源本生鲜一开始只做了 30 个 SKU，以土豆、萝卜等需求量大的食材为主。通过互联网的方式，团队希望先把规模做起来，再做用户运营。

由于行业的特殊性，生鲜产品的供应链并不完善，源本生鲜在建立好平台后，便自建了仓库。然而，仓库建完后，又遇到了更多困难。“比如产品损耗，这是不可控的，”徐晓晨说：“像小番茄这样的蔬菜，可能会少 2% 左右。从一辆车卸下来，再装到另一辆车上去，10% 就没了。也没有什么科学依据，就是这样的地域变化、分拣操作都会造成大量损耗。”

2015 年年底，源本生鲜处于这样的状态：业务一直亏损，数据量上不去，同时投资方建议他们换一个方向。之后经过商讨，团队决定及时止损，停掉生鲜电商业务，并再次融资，重新研发新产品。

虽然遭遇了挫折，但是前期的试验却让徐晓晨对生鲜领域有了深刻的了解。他分析认为，成本居高不下造成了生鲜电商的亏损，而导致成本高的关键原因又在于管理和供应链过于复杂。毫无疑问，生鲜行业的管理和物流效率急需提升。关于这一点，业内很多人有同感，但大家都束手无策。

徐晓晨决定挑战这一问题。2016 年 3 月，源本生鲜推出理菜宝 SAAS 产品，以提高生鲜领域管理效率。徐晓晨介绍说：“这是一个多方使用工具，产业链上各个环节的人都可以看到，包括消费者，信息得到互通有无，管理可以趋于扁平化，整个流程效率得到提升。”

对于供应商来说，理菜宝可以帮助企业进行员工、客户等人员管理，以及商品、价格、订单、库存、财务、统计等业务管理，解决其从订单处理到财务结算，再到统计分析等各环节的业务需要，实现信息网页手机同步呈现。对于采购商来说，他们可以在源本理菜宝的网络商城中快速下单，降低采购成本。通过食材溯源检测功能，能够降低食品安全风险。而物流配送企业可以在系统内实现灵活设置商品价格、快速接收处理订单、录入订单，并通过智能分拣系统更快完成食材分拣、高效完成对账结算。

经过近三年的运营，徐晓晨的这款产品“每年可以帮助食材供应商减少 10 万元～ 15 万元的人力成本，提升 35% 以上的工作效率。”徐晓晨举了几个例子，一位供应商客户使用理菜宝后，电话销售人员从 7 人减少到 1 人，按 1 人 / 月 3500 元的成本计算，每年能够省 20 多万元。再比如在分拣环节，在没有自动分拣系统的时候，原来需要 60 人分拣，现在只需要 5 人，每年也可以为企业节省大量的人工成本。“另外我们还有食品安全、追踪溯源等一系列服务，这对客户的食品安全、品牌营销有极大的价值。”

为了推广理菜宝，徐晓晨采取免费试用 3 个月的策略，并且将行业内的标杆企业定为自己首先要攻坚的目标。源本生鲜最先拿下的是牧马山和大蓉和酒楼。在拿下牧马山时，理菜宝同时打开了北京和青岛市场。在投资人的牵线搭桥之下，徐晓晨与海尔集团总裁张瑞敏建立了联系，让该产品进入到海尔集团的食堂，接着又成功拿下青岛啤酒。“大概到 2016 年 8 月份时，我们有五六百家用户了。现在（2018 年 11 月底）我们的供应方有 1 万多，加上采购方大概有 10 万”，徐晓晨说道。

在积累了大量供需方客户的基础上，源本生鲜又衍生出一个新业务，发力食品安全检测。理菜宝积累了大量供应链全链条数据，这为徐晓晨通过大数据技术对食品安全监测提供了可行性。在源本生鲜的办公室内有一面全国的食品安全监测可视化幕墙，它能够实时显示平台上每一家客户的生鲜产品全流程的质量检测数据，这些数据汇总便形成了区域性的食品安全监测数据。

把食品安全监测服务应用到市场，刚需场景在哪里？徐晓晨最先想到的是学校和政府部门。对于全国学校而言，学生的食品安全问题是头等大事。但是除了传统的抽样检查之外，没有更优的技术方案能够解决这一问题。对此，源本生鲜进行了深入思考。

在成都一家金苹果幼儿园的校长办公室，徐晓晨告诉对方：“幼儿园门口每天有很多家长接送孩子，如果在贵校大门口安装一个大屏幕，每天都能让学生家长看到孩子吃的什么，有没有经过检测，安不安全，那一定会赢得家长和社会的信任。”

徐晓晨的提议，解了幼儿园的燃眉之急。校方在详细地了解了源本生鲜对农产品全链条监测技术后，对徐晓晨的提议十分认同，并答应一试。源本生鲜为学校定制的食品安全服务开始进入到幼儿园，他们每天会把供应学校食堂的数据进行展示，让教育部门、学校和每位家长都能对孩子的饮食情况一目了然。

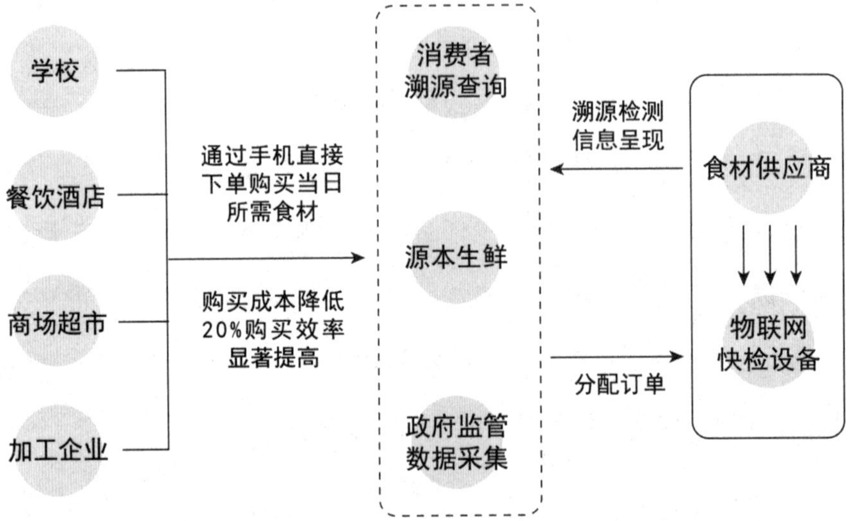

源本生鲜商业模式

与政府部门的合作，则是与食品药品监督管理局共享监测数据。以中秋节检查月饼为例，政府部门以前的做法是进行抽样检查，但这样的做法是滞后的。“食品已经上市，消费者吃过了，如果出现问题是难以挽回的，”徐晓晨说，理菜宝 APP 记录了地区供应商的监测数据，可以评估一个地区的食品安全状况，帮助政府部门提前分析食品安全。在食品上市之前，源本生鲜会把相关的数据共享给政府，并告诉政府哪些商家可能存在问题，需要重点检查。如此，政府有关部门可以做到精准执法，推动食品安全管理。

服务 B 端需要比客户更了解所处行业，正所谓“知己知彼，百战不殆”。只有对行业各环节有着深刻的认识，摸清 B 端客户真正的需求，击中痛点，才能获得客户的青睐。王宏波因为办公环境遭遇过创业滑铁卢，徐晓晨则在食品领域几次沉浮。他们不仅是为客户提供服务的冷静“旁观者”，更是各自领域感同身受的“局内人”。

高频、低成本、黏性

“你愿意为了利益（更低的费用、个性化定制等）分享你的个人数据（财务数据、驾驶记录等）吗？”在回答这个问题时，中国用户有38%回答“愿意”，高居调查榜单第一位，而美国用户只有25%愿意。①

这一调查侧面印证了一个事实——中国C端用户更愿意尝试新鲜事物，这为新技术的落地和新产品的应用都提供了宽容的环境。但是在和多位成都新经济人交谈中，他们都提到一个观点：获得用户只是万里长征第一步，如何留住用户，才是竞争制胜的关键。世上没有绝对忠诚的用户，即便是粉丝，也可能随时“背叛”你。如何尽可能地让用户多留一会儿？如何让他们产生多次复购？这些不变的问题正在寻找新的解答。

可持续的运营模式

2017年底，随着气温一起变冷的，还有逐渐冷静的知识付费行业。

① 来源于凯鹏华盈（KPCB）2018年《互联网趋势》（Internet Trends）报告。

2018 年 2 月，我们曾对当时火爆的知识付费产品《咪蒙教你月入 5 万》进行过统计，截至 2018 年 2 月 19 日，在芝士来了平台咪蒙的加薪课发刊词播放量 19.8 万次，评论 2593 条，第 1 课《咪蒙：工资涨得慢？因为你不懂 A+B 法则》播放量 24.5 万次，评论 1047 条。之后，播放量一直呈下降趋势，从第 6 课开始跌破 10 万；最后 6 节课播放量徘徊在 5 万左右。

在喜马拉雅 FM 上，发刊词播放量 4.8 万，评论 217 条；第 1 课播放量 3.8 万，评论 112 条。之后播放量和评论数均为下降趋势，从第 4 课开始播放量跌到 1 万以下，第 11 课（2018 年 1 月上线）开始，播放量跌到 3000 以下。这一数据正印证了张凌华的判断：粉丝的忠诚只是一个“神话”，在知识付费和在线教育领域正面临着打开率和复购率双低的危机。

这不难理解，学习是一件痛苦和反人性的事，在没有外力强制约束的情况下，仅靠用户的意志力是很难完成阶段学习的。而现阶段的知识付费和在线教育公司，都只能提供内容输出，很难做到对学习结果负责。另外，从课程内容角度讲，绝大部分课程产品均为职场教育，这和 K12 教育有很大不同。K12 教育受中考和高考两座大山的压力，学生的学习需求十分强烈，而职场教育没有约束，也很难检测学习效果，所以并非刚需。

为了留住用户，不少公司不得不持续贩卖焦虑，同时推出众多新款产品，依靠快速迭代的产品模式维持用户的新鲜感。在粉丝数较大的情况下，推出的课程往往很快就能销售上百万，但是随着用户新鲜感下降，打开率高开低走也成了常态。

“这种模式就和健身房卖会员卡没有什么区别，粉丝的消耗速度一定快于流量导入的速度，久而久之公司就陷入了死循环。”麦子学院创始人张凌华分析道。

在线教育应该回归到教育的本质，着眼于学习效果的提升，不过这比想象中的要难得多。从学习效果角度而言，目前被验证的最高效方式还是学校教育，在线教育公司想要完全还原线下课堂的互动感和参与感仍是十分困难，但是对于学习过程的把控，却是它们留住用户的一个思路。

在麦子学院成立之初，张凌华便开始思考如何把控用户的学习过程，在一段时间的摸索之后，张凌华推出了 LPS1.0。所谓 LPS（Learning Process System）是一种智能在线教育过程管理系统，它能够帮助用户管理学习过程。在这一系统的管理下，学生需要完成相应的任务才能进入下一环节，并接受定期测验，此外还包括老师实时监督指导、学习任务记录等。通过 LPS 系统，老师可以看到学生在各个维度的排名，比如本周学生排名，以及完成百分比等数据。对于完成度“飘红”（完成率在 25% 以下）的学生，系统会提示教师与他们联系。

在六年时间里，麦子学院这套LPS系统已经完成了多次迭代。“第一版出来后，很多同行效仿，只有不断迭代才能保持优势。”张凌华和团队一直通过深耕学习数据化，来精进这项技术。

LPS1.0版本时，麦子学院只是将线下的学习模式搬上了线上。LPS2.0时，则增加了智能推荐功能。比如，用户进入学习平台后，系统会根据此前的数据为学员生成个性化学习计划图表，并会提醒学院计划图内每一阶段需要完成的各种任务。此外，在这一阶段，师生答疑互动、在线练习等功能也得到实现。目前，LPS系统已经迭代至第4版本。

但是仅仅有这样一套把控学习过程的系统，还不能够把学生的精力和注意力拽回线上，为学员提供明确的学习目标是另一个重要的方式。张凌华当时根据学员最主要的学习动机——就业，推出了“企业直通车”服务。这一服务和LPS系统相结合，学员完成系统中所有的任务和项目，LPS系统将学员从进班学习、基础进阶、阶段考核、项目开发到实战经验等数据都记录下来。这份数据报告会附加到学员的简历中直接面向企业，推荐就业机会。

张凌华除了用LPS系统来保证学习过程外，也通过社交化的手段，解决学习过程中常见的孤独感、交互感等问题。在他看来，学习的交互性和学习的氛围的建立，离不开教学过程中讲师、班主任、同学几种角色的互动交流。所以，麦子学院建立了学员社区“麦子圈”。

在系统学习之外，麦子圈提供更为全面的沟通社交，向技术达人请教生活中的技术问题、向职场过来人请教职场困惑、结识志同道合的技术咖一同创业，在这里都成为可能。通过社群运营，麦子学院可以维护用户之间的强关系，增加用户的使用频率。依靠LPS系统、企业直通车和麦子圈“三驾马车”，麦子学院也成为在IT教育领域用户数最多的在线教育平台。

在基因检测领域，用户的消费行为都是一次性的，在检测完之后便不会再关注产品。为了留住用户，23魔方也在探索可持续发展的运营模式。

23魔方的主要策略也是不断更新和完善推送内容。创始人周坤解释道，一般用户的基因检测报告其内容多达上百页，没有一个用户能够完整看完。所以周坤坚持不提供纸质报告，而是通过碎片化的方式，把他关心的内容分阶段推送给用户。另外23魔方每个月持续更新三到四个项目，通过不断推出新项目来激活用户，满足用户的新鲜感。比如，许多女性用户关注皮肤护理等保养问题，23魔方通过分析用户的皮肤基因，然后和护肤品、化妆品的数据进行比对，推送最适合用户的化妆品。

2018年10月，23魔方又推出了运动健身项目。通过之前用户的基因检测数据分析，为用户介绍最适合他的健身减肥方式和饮食方案。

据周坤介绍，23 魔方的用户在拿到检测结果 6 个月后，其 App 仍然有 35% 的周活跃率。随着 23 魔方用户活跃度的维持，基因检测产品的复购率不降反升，许多消费者在购买产品体验之后，往往也会为自己的家人朋友购买。

强化社交属性

咕咚在 2012 年开始做跑步 App，一开始就决定了将运动和社交相结合。

2012 年，受伦敦奥运会影响，Apple Store 选择了部分运动 App 进行推荐，其中便有咕咚。借此机会，咕咚收获了第一批几十万用户。不过咕咚用户的大幅增长还是在 2014 年到 2015 年之间，那时随着人们社交方式的变化，微信朋友圈用户出现了大爆发，咕咚借助微信的红利，通过朋友圈分享、点赞等模式，形成“病毒式”传播，让关注跑步的人群急剧增长。

紧接着，咕咚又积极引入社区，鼓励用户自发组建跑团小组。创始人申波为社区组织开发了评估和激励体制，“对跑团进行定级，一级二级甚至到城市跑团。定级的标准包括每周的活动组织频次和质量等，比如一个跑团如果连续一个月都没有组织活动了，那跑团的等级自然也就相应下降。我们想通过这样动态的评估体系，调动用户的活跃度。”到了 2016 年 9 月，入驻咕咚的跑团已经多

2016 咕咚·城市微马深圳站

达 17 万个。

这些是申波在移动互联网时代，为吸引用户作出的努力，但他的举措远不止于此。除了鼓励用户自己组织活动外，咕咚也参与赛事组织，其中最具特色的便是线上马拉松活动。所谓线上马拉松，即在网络上举办的马拉松。参加线上马拉松的用户，在马拉松活动当天，按照活动要求，在任何地点，完成全程 / 半程马拉松，即可获得官方授权的完赛纪念奖牌或赛事奖品或电子完赛证书。

2013 年，咕咚和知名运动品牌李宁共同开发了线上马拉松的前身——10 公里虚拟路跑联赛。

2014 年，咕咚联合知名运动品牌阿迪达斯上线了国内首场马拉松线上赛事“北京线上马拉松”，并随后又举办了上海、广州两站线上马拉松。按照咕咚官方赛事频道提供的数据，一场线上马拉松平均参与人数在 15 万左右，好的赛事甚至可以超过 30 万。

而在 2015 年，整个中国的线下马拉松运动的参赛规模不过 90 万人次。线上马拉松打破了地域、参赛资格等很多限制，将运动变得更有乐趣，可以吸引到更多的人参与到运动中。

申波吸引和运营用户的方式，突出一个“玩”字。这和他所在的运动领域密切相关。但是实际上，社交化的运营手段并非只局限于娱乐、消费领域，在很多专业用户领域，其玩法也一直在被探索。在咕咚的办公大楼不远处，便是医联的成都总部。王仕锐最初的想法是以医生社交作为创业的切入点。

事实上，医生群体和普通用户的社交需求存在着巨大差异。一名医生平均每天工作近 10 个小时，还要花费大量的时间在学习和进修上，所以放在社交平台的时间十分有限。这就意味着，以服务医生为代表的垂直化社交产品，必须要在相对短暂的使用时间内，为用户提供更高的价值。

王仕锐一开始选择了病例分享。这名华西口腔医学的博士结合自身的体验，把医生的需求总结为六个字：医教研名利技（即医学、教育、科研、名气、利益和技术），前三个字实际上可以归结为一个核心，便是医生这一群体对于专业性的特别要求，后面三个字则是

医联创始人兼 CEO 王仕锐

前三字的结果。而前二字，医、教、研的基础便是病例。

传统的医生交流方式，是通过参加学术研讨会，对相关病例进行分享和讨论。但是这一方式的弊端相当明显：受限于空间，能够参与到研讨会的医生永远只有极少数，对于更广大的医生群体，甚至一生都没有机会参与到高规格的研讨会中。但是，如果运用互联网的方式，把全国甚至全世界的优质病例共享出来，供医生学习和研讨，则可以吸引更多医生参与。

2014 年，医联在全国各省市邀请了 1000 多名医学专家，让他们将病例进行共享。这个“千人计划”在医生圈内引起了巨大的反响，越来越多的医生将自己接收的病例发到医联平台，这也让医联聚集了更多的医生。

病例共享和问答模式依然属于弱社交，优先考虑的是沉淀专业内容，形成学习氛围。在多次尝试过后，医联开始强化社交属性，比如将通讯录导入功能上线，用户推荐算法优化、医生圈进行改版——站内以科室、话题和兴趣点等维度可以进行更自由的对于内容的二次组合，类似微信群、豆瓣小组。不过最具代表性的，还是2018年初，医联平台新开设的知识竞赛游戏。

2018年年初，王思聪推出的“冲顶大会”App风靡一时。这是一款将传统答题竞猜与直播相结合的直播式竞答游戏。其规则十分简单——只要玩家在限定的时间内（10秒钟内）全部答对12道题，最后赢家就能平分拿到钱，如果中间有答错题目，就立刻淘汰出局，哪怕玩家前11轮都答对，最后一题答错同样没有分数。

从玩法上来看，这款被称为“撒币游戏”的App类似开心辞典、一站到底等早期电视问答节目，只不过将从前的电视节目搬到了直播平台中，再加了现金作为彩头。但是对于知识要求度较高的医生群体，这一玩法则成了最合适的活动载体。

紧接着，医联推出了面向医生群体的答题游戏“天使达人”，除了常规的直播答题外，团队还增加了组队PK等玩法，“比如成都的医生可以组队和上海的医生进行答题PK”。团队用这些游戏，为较为严肃的医学内容，增加了一些活泼的元素。

为企业画像

C端用户的需求明确，重视用户体验；但是B端客户对自己的需求并不明晰，他们更希望能获得一站式的服务，以节省沟通成本。这可能是企业服务最大的共性。

王宏波在创办“侠客岛”不久后便发现，随着入驻侠客岛的企业日益增多，除了提供办公环境外，办公空间的运营需求也逐渐增加，特别是在资源的对接上，创业企业希望能得到更多的服务。创业公司这些需求点的出现，实际上是预示着联合办公领域的发展方向。原来“二房东”的租赁模式只能满足最基础的企业需求，而更广泛的企业服务即将成为这一领域升级换代的重要方向。当时国外联合办公巨头“WeWork”已经杀入国内，而国内品牌也如雨后春笋般冒出，这就意味着服务和运营能力成为白热化竞争中致胜的关键之一。

王宏波当然捕捉到了企业和市场的讯号。他和团队一边继续拓展新的场地，一边着手服务产品的开发。2015年公司推出了三款管理和服务产品：智能运营管理系统“Hi-oms”、企业服务平台“Hi-linx”和“岛里”办公室App“hi-coffice”。

“岛里”智能运营管理系统“Hi-oms”可以收集每一家入驻企业的信息，包括基本情况、产品信息、资源信息和需求信息，并建立“企业画像”数据库，这套系统已经收集近1000万条数据信息。根据这些信息，“岛里”团队可以对全国55个“岛里”空间的运营情况、入驻情况、产业分布情况和运营费用等进行管理。

而“Hi-linx”企业服务平台则主要面向企业提供个性化的服务。平台为入驻空间的1000余家和“岛外”的4000余家小微企业服务，通过管理系统收集到的“企业画像”，为企业匹配可能建立合作的其他企业，并每天自动推荐12家企业给用户。平台为企业收集和解读有价值的扶持政策，并根据企业特点为其推荐合适的本地活动、行业热点等信息。此外，针对小微企业组织架构不健全的特点，平台还为其提供人事招聘、工商税务、知识产权、法律咨询等第三方服务。

为了配套线上服务，“岛里”团队在线下为入驻企业配备一名RO（企业资源官）。RO为企业的外部助手，根据小微企业的“企业画像”为其寻找合作机会并对接外部事宜。截至2018年底，公司有40余名RO，每位RO服务80~100家小微企业。

团队推出“岛里”办公室App（“hi-coffice”），则是针对入驻企业员工的服务产品。该应用与线下智能办公设施相连，用户可在应用上完成蓝牙开锁、进出门禁、预定会议室等服务，并且用户可进出全国任意一家“岛里”联合办公室的公共空间，并免费预定使用当地空间的会议室、路演厅、健身房等公共设施。除此之外，“岛里”App还提供社群服务，除满足线上用户的社交需求外，团队建立“岛里龙门阵”平台，小微企业可在平台上报名组织线下社群活动，“岛里”还会为组织公司提供赞助和信息支持。

团队每个月都会对入驻的小微企业做满意度调查，并且在入驻的第 7 天、第三个月、第九个月会做回访，收集小微企业的意见。王宏波介绍：“目前小微企业平均满意度在 96 分左右，他们 90% 的需求都可在‘岛里’完成。”

借助这三款产品，王宏波找到了服务小微企业的抓手。让王宏波记忆犹新的例子是服务远伯体育这家公司。

2015 年，远伯体育入驻侠客岛，不过当时该公司主营业务还不是现在的体育运动领域，而是幼儿园 SaaS 服务。由于该 SaaS 软件是免费使用，变现能力较弱，迫于资金链的压力，公司不得不开始寻求转型。他们瞅准的方向是儿童足球，这一产业一方面受到国家政府的大力扶持，另一方面盈利模式清晰，能让公司获得稳定的现金流，是一个十分有前景的朝阳行业。但是转型并非是一蹴而就的事，其产品研发、组织架构的调整都需要更多的资金支持。侠客岛的服务团队便为企业四处奔走，提供融资对接。

在 2016 年底，通过侠客岛和该企业的努力，远伯体育获得了新一笔融资，而在数月之后，该公司又获得了君联资本注资。远伯体育由此摆脱危机存活下来。

无尽未知的消费者

在技术日新月异的今天，用户也在不断“迭代”。三年前的目标用户三年后可能又是另一批人。对于守成者而言，这是风险，一不留神就会被时代抛弃。但是对于创业者而言，却是珍贵的机会，抓住这一机会便可实现弯道超车。新生的消费势力是时代的关卡，也是时代的礼物，多位成都新经济人都谈到了对新兴消费群体的看法。他们有的对 95 后、00 后这些新世代的崛起充满敬畏，有的又对老龄化社会中银发经济的兴起充满期待。

未来充满希望，但也危机四伏。每一代群体，都生活在不同的社会环境中，不同群体的思维模式也千差万别。用户可能会召唤你，也可能对你视而不见，你要靠自己去摸索，把他们汇聚起来，成为你的光芒，为你照亮前路。

新世代崛起

2017 年，张凌华感触最深的是用户变了。

2012 年创业之初，麦子学院 80% 的付费用户是技术“小白”，很多人之前没有接触过 IT 知识，所以他们需要进行系统化学习，麦子学院为此设计了 IT 领域全品类的课程。对于当时的用户而言，学习的目的是学成之后找到一份称心如意的工作，他们愿意为此投入几千甚至上万元的学习成本。为了满足用户找工作的刚需，麦子学院与拉勾网、智联招聘等招聘平台建立了长期的合作关系，也搭建了中关村软件园、成都天府软件与等全国五大园区的人才培养推荐渠道。

但是移动互联网普及的五年，也是从业者技术不断成熟的五年，曾经遍地“小白”的情况越来越少，对于90后、95后求职者而言获得就业机会已经不是最迫切的需求。

这一点张凌华最先是从高校的学生群体发现的。麦子学院在前期运营中，一直想与高校合作，通过学校的规模效应做大市场。但是当他真正挤进高校之后，才发现现实情况和自己的预期有天壤之别。原先团队打造的全品类全体系的课程，根本不能满足学生的需求。

在校大学生和社会人士最大的不同，首先在于知识结构上的区别。计算机学院学生已经接受了比较系统的IT学习，这时原本体系化的麦子课程反而成为一个累赘，几乎没有学生愿意重复学习已经掌握的知识。他们对知识的需求，主要集中在个别知识点，他们的课程体系更接近于短期提升班，“学生希望能在短时间内获得某个知识点，以解决实际问题”。

这种短平快的需求，在近两年的在职人士中也越来越普遍。90后进入社会，职业技能从一个痛点变为痒点，基于对用户需求的分析，麦子学院也将目光瞄准了针对性强、课程短、单价低的小课程产品。

2018年，张凌华开始转型做新产品“一技”。这是一个全品类的职场类知识付费产品，其课程内容相较于原来的IT内容更广，涵盖职场求职、技能、礼仪等方方面面，客单价1000元以下，最便宜的课程低至几十元。张凌华将原来IT教育积累的重塑学习过程的线上服务体系也融入进新产品，以增加用户黏性和复购率。

张凌华感受到用户迭代正预示着Z世代的崛起。所谓Z世代，原是一个欧美流行词，泛指95后，即伴随互联网成长起来的一代人。

根据百度MUX（Mobile User Experience Department，移动用户体验部）2015年发布的《95后生活形态研究报告》，95后人口总数约0.99亿，加之年龄更小的00后，他们的数量和消费能力不容小觑。

Z世代的影响力首先集中在文化领域，曾经面向Z世代的小众文化正逐渐变为主流文化。这种变化几乎就发生在身边，抖音看起来应该是一个非主流小众的产品，然而它的用户数量已有数亿；嘻哈、脱口秀、街舞、二次元，原本只有年轻人喜欢的东西，现在变成了大众综艺，《中国好声音》《我是歌手》这些传统节目反而越来越没人关注了。

2015年入驻成都的伯恩资本创始人褚浩认为，正是95后、00后的崛起，在文创领域又创造了一波新机会。

动画从业者卢恒宇和李姝洁正是踩在这样的机会点上。2010年前后，国内动画还被观众诟病为只有低幼和低质的作品。充斥在电视频道和网络平台的除了《喜羊羊与灰太狼》，便只有日本动画。但是进入 2012 年之后，国内市场的漫画和动画作品，也开始出现优质作品。

2012 年，卢恒宇和李姝洁成立了卢恒宇和李姝洁工作室，并开始改编《十万个冷笑话》漫画为动画剧集。在网络视频平台上映之后，通过腾讯视频等平台广泛传播，受到了观众暴风雨般的好评。

2014 年，《十万个冷笑话》大电影上映，收获了 1.2 亿票房，而第一季动画也累计播放超过 15 亿次。与此同时，这对情侣创业者成立的动画制作公司艾尔平方，也获得创新工场天使投资。此后还陆续获得了梧桐树资本和腾讯等一流机构和公司投资。

银发经济

2018 年初，阿里巴巴的一则招聘广告引起了媒体注意。这则招聘信息面向全国，以年薪 40 万的薪资标准招募中老年广场舞领袖。在岗位要求上，阿里巴巴公司写道“60 岁以上，有稳定的中老年群体圈子，并在群体中有较大影响力……”跳吧创始人左鹏认为这则新闻只是“银发经济”刚刚开始的一个信号，中老年群体正在成为一个巨大的“金矿”。

长久以来，年轻消费者都是各商家争夺的宠儿，随处可见诸如“得00 后得天下”之类的口号。实际上，在广阔的市场中，有许多像中老年人这样沉默的群体，他们不抢眼，外界也很少听到他们的声音，但他们也有自己的消费需求。如果把目光聚焦这类群体，也可能挖掘出具有高价值的市场。

随着中国老龄化趋势越发明显，中老年群体成为社会中一支重要的经济力量。这和日本现阶段的情况类似，由于社会福利完善，消费观念的进步，日本老人享受着丰厚的退休金又不需要供养子女和还房贷，成为日本市场的一大消费主力。

随着时间的推移，中国市场也将进入日本模式。左鹏在创业之时，便分析了中国中老年群体中广场舞人群的现状，他发现跳广场舞的中老年人在城市中不能算是低收入人群，反而大部分都是中等收入。“这群人一般掌握着家庭的核心消费权，比如柴米油盐的支出，甚至有一部分人对家庭购房也有决策权。”

而且中老年人群还是一个“连接者”，向上可能连接着自己的父母，向下连接着孙子孙女，不仅能掌握自己的消费，还愿意为父母和孙子孙女消费。当然更重要的是，广场舞的人群在不断地扩大。“我们在二、三线城市的调查中发现，至少在女性群体中，跳广场舞的用户越来越多，而且年龄也越来越年轻。”

这些变化促使着左鹏走上创业之路。在 2017 年初，左鹏发起了“跳吧广场舞”项目，从广场舞角度专门切入中老年人群。事实上，早在 2015 年，便有上百家互联网创业公司开始切入广场舞市场。“但是现在活下来的不到十之一二。我们也会在长时间里处于‘别人看不懂，我们看不透的’的阶段，只有潜心为用户创造价值，才有可能实现规模效应。”

和年轻的消费群体不一样，移动互联网在中老年人中普及的时间较晚，速度更慢，2015年许多中老年用户刚刚用上智能手机，每天专注在线上的时间非常短暂。想要把中老年人“搬到”移动网络上，难度颇高，很多针对中老年群体的软件也因此夭折。

“其实这些大妈大爷们对互联网还是很向往的，只是对互联网技术门槛有一些害怕。加上前几年4G网络，智能手机都没有普及，网络流量资费也很贵，这些限制条件使他们进入互联网的门槛比较高。但是这几年，这些问题都逐渐得到了解决，我们便获得了用互联网切入中国广场舞群体的最佳时机。”

特别是2016年之后，中老年群体向移动互联网迈出了一步。这年春节，微信支付凭借“微信红包”功能攻城略地，这一活动催熟了中老年智能手机用户，微信也成为他们最早接触的应用之一，更为关键的是，这一功能在这类人群身上撕开了线上消费的口子。

不过这一步只是开了一个小缝，更大的入口仍然集中在线下。“最早一批互联网公司就是因为全部依托于线上打法，忽视线下场景，才走到了弹尽粮绝的境地。”从一开始，左鹏就掐准了这类用户的特点：线上只是一个入口，线下才是壁垒所在。

左鹏抛弃了纯线上的轻模式，一头扎进了线下场景，不仅如此，还做起了硬件制造的研发。“当时在成都的创业圈子里，许多企业家还专门告诫我，别碰硬件这是一个深坑，但是没有办法，要做成广场舞市场必须走这一步。”左鹏所谓的这一步，便是“跳吧盒子”。

“跳吧广场舞”项目创立之初，电视台出身的左鹏便想通过投影屏幕来进入线下场景。他原本想和极米科技合作，但是很快他发现极米科技的产品定位和广场舞的场景不相匹配。“极米的室内投影设备是全球一流的产品，但是在户外不太合适。”左鹏试用了产品之后发现，户外的投影设备首先需要较大体积，体积较小的产品容易被过往的行人和宠物绊倒。其次，户外音响和投屏也和室内不一样，户外“至少需要能满足一个舞队近百人视听需求的产品”。

摸清了广场舞的应用环境，左鹏开始组建团队，自己开发产品。在经历深圳工厂的制造震荡之后，左鹏又将供应链搬回成都，开始踏踏实实地进行产品打造。

经过一年的摸索和研发，2018 年上半年，左鹏和团队推出了跳吧广场舞的第一款投影设备“跳吧盒子”。这款产品能满足近百人舞队的音响需求，在不插电的情况下能正常工作 3 个小时，产品后台和公司内部系统连接，“跳吧”团队可以实时接收舞队的使用信息。而后团队推出的第二代产品上，又增加了两个功能模块，一个是摄像头可以连通直播终端，让不同地区的舞队可以即时互动；其次，解决了照明的问题。

这款产品在 2018 年 12 月前，已经免费向成都 100 多个舞队进行了推广。左鹏算了一笔账：现阶段，互联网公司的线上获客成本在 200 元～ 500 元 / 人之间，而“跳吧魔方”的硬件基础成本在 6000 元左右，一个舞队按照 50 人计算，获客成本只有 120 元左右。“另外从屏幕来说，在春熙路放一块投影屏幕至少得花 100 万元～ 200 万元，但是我们在全成都的公园等公共空间放了 1000 多块屏幕，也才 500 多万。从获客成本和广告效益而言，我们是划算的。”

不仅如此，这 1000 多块屏幕带来的流量，均是中老年群体的精准流量。每天用户的使用时长都在 2 个小时以上，“线下一个用户的质量好过线上 100 个用户。”左鹏分析道。

2018 年和 2019 年是跳吧团队的线下扩张之年，“银发经济”才刚刚起步。随着市政公园越来越多，中老年群体消费水平越来越高，左鹏和团队对未来的市场十分乐观，“接下来的五年我认为都是公司的冲刺阶段”。只有一个广场舞大屏还不足以把未来的故事讲完整，在左鹏的心中，广场舞群体背后是 5G 时代的大数据链接和整个中国中老年宏大市场。

互联网医疗春天

凭借媒体人的嗅觉，左鹏找到了银发经济的切入点。而医学博士王仕锐则在学术之外萌生了创业冲动。

2013 年 7 月至 2014 年 5 月，王仕锐开始在美国哈佛大学担任为期一年的研究学者。按照中国医生的职业发展轨迹，这名华西口腔医学博士可以进入中国最顶尖的医院执业，拿上不菲的收入和过着有强烈成就感的生活。但是在美国担任研究学者的这一年，王仕锐不仅对学术乐此不疲，还对美国互联网医疗的创新模式感到兴奋。

在美国，互联网医疗相当发达。以 Sermo 和 Doximity 这两家公司为例，这两家公司都是医生社交平台，前者汇集了来自 150 多个国家近 80 万名经过验证且持有执照的医生。

他们在 Sermo 平台讨论真实世界的医学、合力解决患者病例、回答医疗保健意见调查，并可从调研中获取劳务费。后者，Doximity 则是美国最大的医生社区。拥有超过 100 万名医学专业人士，包括超过 70% 的美国医生以及 45% 的医生助理和执业护士。

在 2017 年，Doximity 就增加了近 25 万名会员，增长率达到 32%。[①] 这一公司为专业医疗人员提供了进行业内联络、信息交流和医疗合作的安全平台，帮助专业人员分享职业经验，进行高水平的专业交流、病例合作诊断以及提供寻找转诊医师、检测机构、药房

---

① 这个领域诞生了市值 130 亿美元的独角兽，国内刚起步腾讯也在跟进 [EB/OL].(2018-11-12). https://baijiahao.baidu.com/s?id=1616913435077815294&wfr=spider&for=pc.

等服务。

在同一时期的中国，医疗行业与互联网的结合才刚刚起步。特别是医生社交这一细分领域，和美国仍然有着相对差距。

2014 年，罗德公关与益普索市场研究集团联合发布的《2014 医生互联网行为洞察报告》为王仕锐的观察提供了佐证。这份报告显示，尽管中国大陆地区已经有高达 71% 的医生首选网络或者移动设备等数字化渠道来获取相关信息，但是对线上医疗平台以及资源的应用，大陆地区的医生无论是在理念认知还是实践行动上，都相对落后于中国香港和台湾地区。仅 60%的医生对线上诊疗持认可态度。而中国香港和中国台湾地区则分别有 91%和 86%的医生认为线上医疗平台及工具可以改善诊断治疗过程。在具体诊疗过程中，采用线上平台的中国大陆地区医生则更少，仅为 48%，使用移动 APP 辅助诊疗仅有 19%。

医生互联网行为现状显然和中国在互联网领域取得的成绩不相匹配。在诸多领域，中国互联网公司的创新已经赶上欧美，甚至引领世界潮流，但是在医疗领域却相对滞后。出现这种情况，是受限于医疗行业的相关政策。

在 2014 年，国家的相关政策还没有为医生投身新型医疗服务模式打开窗口。是年，国家卫计委发布的《关于推进医疗机构远程医疗服务的意见》指出，“非医疗机构不得开展远程医疗服务”，并且“医务人员向本医疗机构外的患者直接提供远程医疗服务的，应当经其执业注册的医疗机构同意，并使用医疗机构统一的信息平台”。这一文件明确禁止医生自主进行远程医疗，将医生从事远程医疗的权限收归其所服务的机构。这意味着中国医生在没有自由执业的权利时，很难成为互联网医疗的主要参与者。没有了医生参与，再灵活的互联网模式也只是一个空壳。

但是在 2015 年 1 月 14 日，国务院发布了《国务院关于机关事业单位工作人员养老保险制度改革的决定》，明确规定机关事业单位与企业等城镇从业人员统一实行社会统筹和个人账户相结合的基本养老保险制度，都实行单位和个人缴费，都实行与缴费挂钩的养老金待遇计发办法。这实际上是化解了机关事业单位和企业从业人员养老保险制度“双轨制”的矛盾。同时在制度上扫除了医生自由执业的障碍。

中国互联网医疗的发展，是随着医疗行业的改革而不断进行的，政策的放宽为互联网医疗提供了创新的土壤。王仕锐 2014 年回国创业时，正是踩在改革节奏上。

见识了美国同行在医生社交领域的创新，王仕锐也想通过互联网的方式改善中国医生的生存现状。中国医生相比欧美同行，工作时间更长，收入更少。

2018 年 1 月 9 日中国医师协会发布的《中国医师执业状况白皮

书》显示：我国各级医生周工作时长均远超法定 40 小时 / 周工作时长。其中，初级职称医师平均每周工作时间最长，达到周均 52 小时，工作时长最短的副高级医师，其周均工作时长也可达到 49.1 小时。

而且不同于其他职业，医生的服务水平来源于专业知识的支撑，医疗知识的不断更新是医生职业晋升的重要组成。据艾瑞咨询发布的报告显示，近 80% 的医生日均学习时间超过半个小时，且有 11.3% 的医生日均学习时间超过两个小时。“医疗 + 学习”成为医生生活的主旋律。

但是在艰辛付出的背后，其回报却不尽如人意。让医联行政总监张欣印象深刻的是一名泸州医生，这名医生向她抱怨了工作的艰辛。“一场手术整整站了八个小时，全程必须高度集中注意力，不可有半点马虎。最后手术费却只有 800 元。”

这不是个案，而是国内医生普遍的生存现状。“有的医生累瘫在手术台上，有的做完一场手术就流鼻血。长时间注意力高度集中的工作状态，对身体和精力的消耗非常大。”张欣与医生群体深入接触之后总结道。

医生群体特殊的生存状况，对两件事产生了决定性的影响：其一，服务医生端的社交产品，必然得满足于医生的学习需求；其二，医生的在线时间往往十分有限，吸引医生进驻线上平台有不小的难度。

所以王仕锐最开始是选择优质病例作为切入点，通过加强同行业之间的学习和交流，来吸引医生使用产品。

要“唤醒沉默”绝非易事。王仕锐坦言，在当时（2014 年）的情况下，“最难的是没有医生渠道，找不到医生。”医联团队在创业初期，为了开拓市场，在全国各大省市都设立了办事处，挨个去医院拜访医生。王仕锐带着团队，在全国各地飞来飞去，把前两年的运营费用都花在了地推上。靠着这样笨拙但务实的方法，公司完成了用户的原始积累。

6 第六章 未来：“进托邦”进行曲

过去千万年，人类走过古老的农耕时代、浩浩荡荡地跨过工业革命，又瞬间被卷入信息浪潮。虽然无法创造完美世界，但人类以生生不息的力量推动着个体和社会不断“进化”。这是一个不断逼近极限的过程，我们更愿意将它称为人类的“进托邦”（Protobia）状态。

确切来说，“进托邦”（Protobia）是凯文·凯利在《必然》中创造出的词，其中的“进”字代表进程（Process）和进步（Progress）。进托邦是一种变化的状态，是一种进程，在进托邦的模式里，尽管变化的程度放在历史长河中只是微乎其微，但事物的发展总是日进一步。这种微小的进步既不引人瞩目，也不鼓舞人心，极易被我们忽略，因为进托邦在产生新利益的同时，也在制造几乎同样多的新麻烦。但它却是一种水滴水穿的进步，“温柔”的超越。

我们总是在不断地接受新鲜事物，一切都在渐变，一切都在发展。尽管知道今天的进步可能会给未来埋下隐患，人们还是不愿意停下他们的脚步。悲观永远正确，乐观往往成功，人类一直在“进托邦”的进程中创造无限可能。在这样的情境中，新经济的终点在哪里？它的结局又会如何？我们对未知充满好奇，想要一探谜底。

技术变革下的巨大市场

对于迅游科技来说，5G 是企业第二次腾飞的机会。“未来是万物互联的时代，而迅游科技正致力于连接。”迅游科技创始人袁旭认为，以往社会各界对于网络管道连接的要求比较低，追求的是普遍、一致性的服务。但是未来随着应用的不断复杂化，管道的要求也将转向精细化和定制化。在 5G 时代，各种应用场景都会出现智能网络服务，端到端的过程变得更为重要。在巨大的生态体系中，需要迅游科技这样具备基础服务能力的公司，确保网络的实时性、可靠性、安全性，并且还能把这些能力产品化，为行业赋能。

在 5G 时代，汽车、电线杆、井盖、门锁、洗衣机、空气净化器、冰箱等设备都会实现互联，终端数量会呈现大爆发的状态。这是一颗即将启动的核弹头，即将爆发出一个巨大的市场，同时也会带来不可估量的产业机会。初步估算，中国在 2025 年将会有 100 亿个移动终端，这些终端正从手机变为众多的物联网设备。

在公司内部，迅游科技成立了“海豹部队”。袁旭配置了完整的团队专注于5G研究，包括标准、技术、应用以及与公司未来业务的结合等。"它会打开一个新世界。"在谈到未来时，袁旭充满了期待，语气不容置疑。在他看来，未来的网络将实现按需服务，满足不同用户的个性化需求。以在线教育场景为例，用户对网络沟通的品质、实时性要求极高，但凡出现丝毫网络不畅的情况，都会影响用户体验和教学效果。而5G时代，在线教育的复杂场景将有可能得到满足。

作为迅游科技的天使投资人，奇虎360董事长周鸿祎说：

"将来在产业互联网、工业互联网的赋能，很多传统企业也会连在互联网上。游戏加速这种智能网络技术，完全可以跳出游戏领域，在更多的产业里面发挥重要作用。"

过去10年间，迅游科技只做了一件事——研究网络延时问题并提供解决方案。从业务来看，迅游科技专注于网游加速、手游加速两大领域，支持网游数量超过13000款，注册用户超过3亿人，在游戏行业内，"无迅游，不游戏"几乎成为了一种共识。2015年上市后，公司被称为"中国游戏加速第一股"，从2008年至今，迅游科技已经连续盈利十年，做到了连续十三年数据增长。

"每个企业都有自己的价值所在，而我们的使命就是解决技术之间的连接问题。创业者不要做不擅长的事情，也不要盲目相信自己。"袁旭说。在和他对话中可以发现，迅游科技在战略布局上谨慎又大胆与创始人的特质有着密不可分的关系。

"一个优秀的创业者要了解人性，必须做很多反人性的决策。人类本性贪婪，这时一定要质疑自己的贪婪。我们要眼光长远，珍惜自己的信誉和未来，不要被现象迷惑。”

在迅游科技整个发展历程中，O2O、共享经济以及资本领域的并购重组热潮迭起，一个接一个的热点让互联网世界从未平静过，能够在其中乘风破浪的人成为了弄潮儿，而那些在诱惑面前能够坚守自我、屹立不倒的人和企业，显得更难能可贵。袁旭说：“面对任何热点，在兜售预期的同时，我们要思考如何满足预期，能不能做到超预期？在享受短期利益的时候，要思考长远的代价。”在决策时，不断地自我追问使袁旭认清自我，避免了许多危机。“每个阶段有了更强的能力后，就会想是不是可以干点别的？有时候这是一种幻觉，我们要避免出现这种幻觉。成功路径各不相同，但失败是可以复制的。大多失败是因为不够专注、不够坚持。”

强烈的危机感使袁旭在做决策时谨慎稳健，同时又推动他为了企业的发展大胆探索未知。2012 年底，迅游科技组建成立移动团队，坚定不移地进军移动领域。这时候，距离手游《王者荣耀》的风靡还有 4 年时间。也就是说，在没有应用场景的情况下，迅游手游加速器产品孤单地煎熬了 4 年。

“超前思维的投入，会带来很大风险。前期太煎熬了，产生过很多自我怀疑，需求端还没有成熟时，是很痛苦的。无论是成就感，还是财务回报，感觉都熬不住。”袁旭讲到，虽然这是一件高失败率的事情，他还是相信移动端的市场潜力，投入其中的决心从未动摇过。

2016 年，当《王者荣耀》火爆时，迅游手游加速器也进入了高速增长期。当年，迅游移动端的用户显著增长；2017 年，创造了数千万营收；2018 年，营收翻番。

在成功布局新产品的同时，迅游科技在产业布局上也出手果断，2017 年，迅游科技收购成都狮之吼科技有限公司 100% 股权。

狮之吼是国内较早进入海外市场并取得成功的移动互联网企业之一，其主营业务为向全球移动互联网市场推出移动客户端软件产品，包括手机系统清理、电池管理、网络管理等，以移动软件内置广告的方式盈利。在谈到这起并购时，袁旭坦率地说："迅游科技拥有全球化资源，但我们还没有全球化市场。狮子吼服务于全球月活超过一个亿的群体，每天产生大量场景和数据，这将有助于迅游实现全球化。"

除了资本并购之外，迅游科技在更多时候采用投资的方式布局产业。

截至 2018 年，迅游投资的智能管道产业链上的企业已超过 30 家，多数集中在成都地区。袁旭说："2015 年上市后，我们获得了更大的资金、资源，也有了更大的责任。于是我们开始进行产业布局，加大了产业上技术、资金、资源的投入。"在酝酿数年后，袁旭在 2018 年 11 月 13 日举办的"首届智能网络产业论坛"上正式提出迅游的未来战略目标——转型成为互联网高质量强交互基础资源供应商，为多样化的场景提供端到端的智能网络连接服务。

未来，在迅游的版图里不再只有游戏，人们可以在在线医疗、无人机应用、无人驾驶、在线教育等场景中见到它的身影，这是多年积累后的自然选择。迅游科技用 13 年积累的能力、技术、资源为产业赋能，实现能力溢出。

不过，在被问及对区块链新技术的态度时，袁旭持谨慎的态度："我们很早就开始关注区块链，但更多是观望、学习、研究，没有盲目蹭热点。一直到现在，我们仍然在研究学习区块链，不断进行跟踪分析，如何把这个技术落地到实际场景中来？这是个漫长的过程。迅游或许会在某一天进入区块链，但一定是在判断自己能够取得成就，有突破性进展的时候。"

我们向多位成都新经济人抛出了同一个问题：你是狼性领导还是匠系领导？前者讲求行动第一，后者更重视慢工出细活。在多数回答中，大家都提到两者需要合理平衡，拿捏住黄金分割点。创业是一场没有终点的奔跑，身处其中的人们必须认准目标坚定向前，性子可以慢一点、时间可以拉长一点，但做事效率不允许低，这样的信念会让人在疯狂中保持理智，在机会面前勇猛果断，以绝不丢失一座城池的魄力勇往直前。

资源环境共融共生

"人家问我，收破烂的都能赚钱，你们为什么还要政府补贴呢？"这是在创立成都奥北环保科技有限公司之前，汪剑超时常面对的问

奥北环保创始人汪剑超

题。他略带自嘲地笑着说，"垃圾整合收集后，本身是有价值的，但不赚钱，这中间存在悖论。"

2011 年，汪剑超进入成都绿色地球公司，这家公司采用"扔垃圾—攒积分—换礼品"的方式进行垃圾分类。这样的分类模式源自美国"再生银行"项目，美国的再生银行用户，每投放 10 磅可再生垃圾，就可以获得 5 美元奖金，划入专门的银行卡；用户拿着这张卡到再生银行任一合作商家消费时，可用账户余额抵减折扣优惠。绿色地球是"中国版"的再生银行：同样是实名制垃圾，但银行卡变成了积分账户，消费折扣变为直接兑换礼品。可回收物收上来后，绿色地球再进一步分拣，卖给下游商家作为其生产原料，以此获得收入。

汪剑超进入绿色地球时，公司已运行了两年多，但受制于资金和技术，发展比较困难。尤其在技术上，工作人员还在用传统的 Excel 表记录和处理信息，用户不到 1 万名，系统却难以负荷。作为“微软工程师”的汪剑超自然担起了解决技术问题的重任，很快搭建了互联网信息管理系统。

在互联网技术支持下，绿色地球的管理效率得到极大提升。用户只需要将满袋的可回收垃圾贴上条形码，带下楼放到小区专设的垃圾箱即可。绿色地球的清运工人会定期开车来把箱内的垃圾拉走，运往自建的分拣中心。每袋垃圾在分拣中心扫码称重后，工作人员按规则计算出用户积分，再返到用户的账户中。

此时，绿色地球的垃圾分类模式引起了成都市锦江区政府的关注。锦江区政府认为，这样的模式不仅对环境有好处，市政环卫的压力也会减轻许多。

2011 年，锦江区政府用 2000 万元购买绿色地球的服务。但所有资金不是一次性给出，先支付 400 万元，阶段目标完成后再付下一笔资金。

2014 年，绿色地球初步实现盈亏平衡。一年后，绿色地球中标成都市城管委的生活垃圾分类服务项目，获得 2000 万元资金。按照合同规定，未来三年内，绿色地球需要在成都多个区开展垃圾分类，新区的注册用户必须达到 9 万户家庭。

相较于前几年的艰难，公司发展已经有很大进步。但就在一切看似走上正轨的时候，汪剑超却发现其中暗藏的风险。首先，政府项目是自上而下进行的，中间涉及多个关联方，沟通成本较高。比如进一个小区需要经过四层沟通，先要和区政府沟通，然后是街道，还有社区和物管，最后才到达住户，这无疑影响了执行效率。"我们做垃圾分类的目的是为了让更多人参与进来，但自上而下的推进效果并不如意。"汪剑超说。

其次，从收入构成来看，政府购买服务占比达到了 50% 以上，企业几乎变成了一个政府服务部门，需要承接许多行政任务，这给绿色地球的市场化带来了限制。如果没有政府补贴，公司收一吨就会亏一吨，"根本无法市场化，做不到大规模普及"。如果政府不再购买绿色地球的服务了，该怎么办？汪剑超为此感到焦虑。

尽管为政府服务收益并不低，但汪剑超对目前的运营方式感到不满，他认为即便政府不买单，垃圾分类也可以做到市场化运作。"是时候换一种方法了"，2016 年年底，汪剑超逐渐下定了决心。虽然那时候他还没想好具体该怎么做，但有一点很明确，不依靠政府补贴，通过市场化的商业模式存活。汪剑超相信，垃圾分类不会是无水之源。

汪剑超的提议没有得到公司管理层的支持，大家都认为市场化这条路风险太大，还不够成熟。

2017 年 2 月，有些落寞的汪剑超只能选择离开绿色地球。不过到了这年 3 月份，国家发展改革委、住房城乡建设部共同发布了《生活垃圾分类制度实施方案》（以下简称《方案》），明确要求在直辖市、省会城市、计划单列市，以及住建部等部门确定的第一批生活垃圾分类示范城市，强制推行生活垃圾分类。汪剑超作为垃圾分类行业代表受邀出席《方案》发布会，并就“互联网＋垃圾分类回收”相关实践做了主题发言。

这让汪剑超看到了国家在垃圾分类上的决心，也成为他创立奥北环保的动力之一。不过要如何才能走出一条真正的市场化道路呢？

基于三方面的认识，汪剑超启动了奥北环保的商业模式设计。首先，垃圾分类最大的问题在于成本高、效率低。按传统废品回收的路径，从社区保洁员到下游制造工厂，中间还有三个环节，即社区保洁员——收荒匠——废品回收站——打包场——制造工厂。多个环节不仅影响了垃圾回收的效率，而且每个环节都抬高了一部分成本，反观美国、日本这类再生资源利用率较高的国家，无不是从做好源头的垃圾分类出发，带动整个垃圾回收的流程效率，在日本甚至可以做到下游厂家直接到小区收废品。

为什么国内的垃圾回收效率难以提升呢？有三大问题导致现在的体系出现障碍：一是在源头上，随着社会发展愿意做“收荒匠”的人越来越少；二是受制于城市管理规划，废品收购站只能建在郊区，增加了运输成本；三是打包场的规范问题亟待解决。

其次，在用户层面，汪剑超发现“人们不是缺乏垃圾分类意识，而是缺乏垃圾分类的知识。大家不是不想做，而是不会做”。这样的情况其实和政府相似，“都想做好，但是不知道怎么做”。

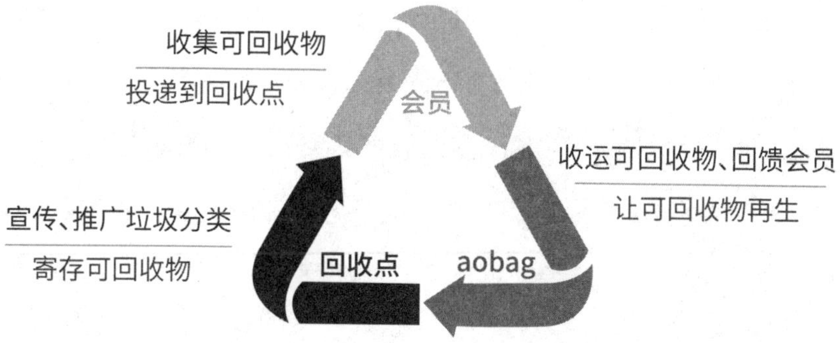

奥北环保商业模式

基于前两项分析，汪剑超认为通过技术手段，精准对接供需双方，从而提高整体效率是可行的。“我们把新公司定位为垃圾分类科技公司，借助移动互联网，建立起新一代城市垃圾分类与资源化回收体系，提升城市废弃物的可持续管理水平和公众的参与水平，解决城市垃圾增量的问题。”

按照奥北环保的新模式，用户需要付费 10 元成为注册会员，每人领取一个 96L 容量，且最大承重 80kg 的环保袋，每袋有唯一的二维码，第一次通过微信扫描绑定领取，下次通过满袋换空袋，再次绑定袋子，由此循环使用即可。汪剑超说：“这就把我们收集的成本解决了，以前免费发塑料袋，用完了还要再发，不经济。”除了注册会员收费制之外，新模式也吸收了过去摸索出的积分、奖励机制，收上来的垃圾再卖给下游回收和加工厂，从中赚取利差。

但是是否有足够的用户愿意参与到这项事业中来呢？又有多少居民愿意成为奥北环保的会员？结果比汪剑超预想中的还要好。“不论是学校、居民区还是其他机构要做垃圾分类，都是用户自愿的行动，不用我们去地推。”另外，奥北环保也在收益上与客户分成，公司基本按照 50% 的比例分享收益，有的垃圾品类分享比例可达 70%。“因为直接对接垃圾分拣厂家，减少了上下游环节，利润空间比以往的回收模式较大，奥北环保便可以将部分收益与用户分享。”

2017 年 9 月，奥北环保与四川师范大学附属实验学校合作，短短一个学期，全校一共投放 2167 次，总共回收 11598 公斤可回收垃圾，全校各班级一共赚了 11858 元的班费。这次合作起到了很好的示范效应。

2018 年 1 月份，又有 10 多所学校找过来，他们都是目睹了川师附小的成效之后慕名而来。后来与奥北环保合作的学校很快增加到 50 所，到 2018 年底已经有 80 所。与乡村的合作也随之展开，奥北环保率先和成都明月村展开合作，两个月后乡村合作开始增长。虽然从总量上看，用户数量比起原来自上而下的推广模式变少了，但现在有效用户却大幅度增加了，从以前的 10% ～ 30%，变成了 90% 以上。

由于用户都是自发寻求合作，用户配合度、活跃度也明显提高，垃圾分类回收的前期和后续的工作都变得更加顺畅。比如，奥北环保会对用户提出操作要求，收集的物品必须做到干净、干燥、无异味，如果有人没做到，会在用户账号下计入扣罚。在奥北环保的小程序界面，有详细的回收品指南，列举了纸、塑料、金属、电器等 14 种

成都第一所践行垃圾分类的小学 - 川师附小，一年多的时间回收可回收垃圾超过 5 吨

回收品类和回收价格。

在回收点位的设置上，奥北环保对客户提供了一定要求。“如果客户想做（垃圾分类），我们会发一份协议，讲明场地要求、培训要求等，准备好了我们再去验证检查，通过检查了再建。”按规定，除学校外，有意愿进行垃圾分类的社区，应自行准备 10 平方米以上的封闭空间改造成奥北环保标准的自助投放点，并采购奥北环保自主研发的智能设备。用户扫码进入投放点，放置垃圾并领取空袋，奥北环保的车辆会按计划去收取。如此，以往需要奥北环保承担的垃圾箱成本、定期维护成本就转移给了机构。

截至 2018 年 12 月，成都已有 171 个奥北回收点，其中 19 个是自助投放点，这些数据还在持续增加中。

在新模式中，奥北环保的角色发生了变化。曾经汪剑超和他的伙伴们是一名运动员，而现在成为裁判员，“规则设立好之后，让用户自己去做。”此外，垃圾分类的上下游也精简了，除了终端用户和客户机构（学校、村委、公司等），其他环节都由奥北环保自己控制，由此大幅提升了效率。

成都全城原本有上千个废品回收点，10～20个打包场，三五百辆运送车，相关从业人员2.5万人。如果按照奥北环保的体系运转，只需要两三千人就能完成，回收点、车辆、打包场也会大幅减少，效率提高近10倍。

效率提升让盈利不再遥不可及，从规模化的数据模型来核算，一个城市月回收量达到200吨就能够实现收支平衡。奥北环保在2018年时，一个月回收量有40吨，且在不断增长，其主要收入项目是垃圾销售，比如把纸制品卖给下游造纸厂、饮料瓶卖给塑料瓶厂等。在绿色地球时，汪剑超已经积累了大量下游厂家资源，奥北环保的垃圾列表里的14种品类都有相应的合作工厂接收。成都一天有5000吨可回收垃圾，市场价值1000万，“如果奥北能够占到10%，那就是100万。”仅做好这件事公司便可以发展壮大了，其他还有垃圾分类的咨询服务、环保周边产品、教育服务等业务，有待深挖。

2018年公司服务了包括7000多个C端用户，80多所学校客户，

奥北环保在北京的第一个自助投放点

还有村庄、社区、商场等多个机构。而随着服务对象继续增加，奥北环保就需要提高服务能力。比如，公司接下来的重要计划之一就是自建打包场。作为垃圾回收的集中点、结算点、分拣中心，打包场承担着重要作用，奥北环保已有 1 个，计划再建 10 个。除了环保、安全达标之外，自建打包场还加入了蓝牙称、自动分拣等智能化设备，未来将会完善环保教育和体验参观功能，让它成为一个综合性的环保设施。

技术研发也是奥北环保重点关注的领域。通过提升再生资源的处理技术，可提高利润空间。比如牛奶盒可以通过技术进行分离，分离后的材料可以用于建材、材料板、文体用具等生产中，产生的经济价值也更高；再比如矿泉水瓶子，“国内技术只能降级做化纤涤

奥北环保的牛奶盒长凳

纶，但国外能够做到再生利用，可以再次用于矿泉水瓶生产，利润自然也更高。”

创办奥北环保之前，汪剑超心中也充满疑惑——完全商业化的路子能不能成功？不过最初的惴惴不安如今已经逐渐变为清晰的路线图。

2018 年京东和峰瑞资本投资了奥北环保。这证明汪剑超和团队摸索出的商业模式已经得到了投资人的认同，接下来是一个埋头做事、修筑核心竞争力的过程。简单而言，奥北环保的商业模式就是拾荒者的升级版。汪剑超知道“模式很容易被模仿”，但是真正有壁垒的是运营能力。“别人卖一吨垃圾会亏钱，但我们能赚钱，这就是差异。”在环保行业摸索快10年，汪剑超对这一领域知根知底，现在要把这些“知道”转化为竞争力。2018年，汪剑超把成都模式搬到老家西安，希望验证奥北模式的可复制性。如果多城市的扩张能够成功，那么奥北环保的梦想便实现了，汪剑超终于走出了一条有别于欧美发达国家，也不用依靠政府补贴存活的商业化道路。

在奥北环保探索出一条可持续发展的垃圾分类道路的时候，四川嘉道博文生态科技有限公司（以下简称“四川嘉道博文”）正在成都市蒲江县长秋山某丑柑果园里进行着另一场试验。这里有上千亩优质的果园，正在通过土壤改良提高农产品的质量和产量。

2014年，在中国优农的推动下，四川嘉道博文开始对成都蒲江的农业产业进行系统规划。针对蒲江当地的实际情况，公司形成了“5+1”综合服务模式，即“5大服务项目”和“1个后端保障”。具体说来，“5大服务项目”指养土肥田、土壤大数据、有机质循环养地利用、农业机械化、生物防控；“1个后端保障”指电商平台、冷链物流、绿色信贷、农业保险、有机认证、检验检测。

这一套服务模式从多个维度服务农业，对农产品的产前、产中、产后进行整体服务和把控。相较传统的小农经济模式，这种平台化的农业产业模式降低了农业成本及风险，提升了农产品质量，减少了中间流通环节，无论对于农民、消费者还是环境来说都是共赢的。是一种“共融共生”式的发展模式。

在乡村振兴的时代背景下，城乡环境治理万亿级的市场空间已

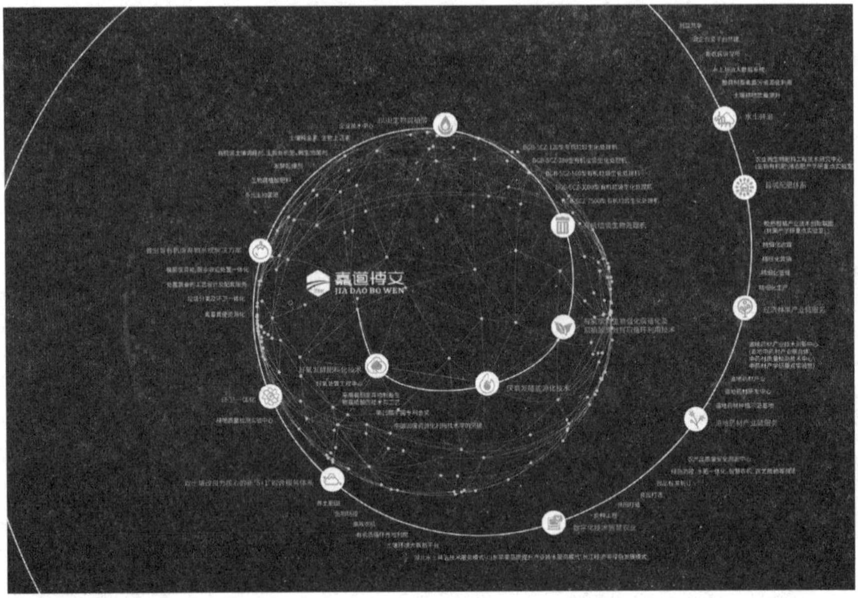

嘉道博文业务全景

经打开，但是市场已经验证了末端治理无法可持续运营，必须走源头减量资源化之路。另一方面，高质量农业供给侧改革是产业振兴抓手，有良田才有良品，健康土壤为资源化还田打开了万亿产业空间。嘉道博文从餐桌到田头，从良田到良品，从资源到价值，开创了一种新型的农田土壤可持续管理路线，一个再生资源新品类，构建环农一体化产业链，形成城乡有机质可持续循环闭环，产生价值增量，使得产业链参与主体共享产业增值。

四川嘉道博文专注于中国环境农业一体化服务、健康土壤培育，为优质农产品供应链提供技术、标准、培训、品牌等综合服务。围绕中国耕地质量问题，开创了中国特色的养地理论，以循环再利用思想，把餐厨废弃物、畜禽粪便、秸秆、食品加工废弃物等有机废

嘉道博文与成都市、蒲江县合作开展城乡有机废弃物循环利用和耕地质量提升项目，荣获第四届保尔森可持续发展城市奖

物转化为养地产品，用于地力提升、土壤修复。核心技术有机废弃物生物强化腐殖化技术。

在打通环境和农业跨界创新的产业链之后，四川嘉道博文创新性地进行了“技术 + 平台”的区域化耕地质量快速提升服务的探索，以土为本、水土共治、化肥减量、源头减排，培育了一批优质农产品区域名牌，既解决了规模聚集下的有机废物污染治理难题，又实现了耕地质量快速提升、农业面源污染治理、农业固碳减排，为农业供给侧改革探索出一条可持续发展之路。

2018 年，中共中央、国务院正式印发了《乡村振兴战略规划（2018—2022 年）》。在乡村振兴的时代大背景下，农业再度成为热点，很多企业纷纷想进入这一古老行业。而在此之前，四川嘉道博文已经在这个领域内精耕细作了相当长一段时间，并逐渐探索出了一条在国内领先的全链条式农业综合服务体系。尽管目前阿里、网易、京东等互联网巨头纷纷进军农业。但是四川嘉道博文则是从土壤改良开始，延伸至整个产业链，而其他公司则很难具备这样的竞争优势。

这就是奥北环保和四川嘉道博文的“进托邦”旅程。在这些企业的不懈努力下，一个没有污染、没有浪费的资源循环世界正在实现。

生态型创业重构商业

过去十年，阿里巴巴、腾讯、谷歌、苹果这些金字塔尖的企业开启了生态型创业的大门，并引诱着众多跟随者们效仿。即便失败多于成功，人们对构建生态圈的信仰不曾动摇。在互联网时代的后半场，生态型创业将继续重构商业，并且释放更大的能量。未来，当传统商业和互联网商业深度融合，当现实世界和虚拟世界紧密连接，将出现全新的巨无霸生态系统。

纵观任何一家成功的生态型企业，无不是演变而成，而并非一开始就有精密规划。苹果在做 iPod 的时候不知道会被 iPhone 颠覆，跳出产品生命周期可以看到，生态的魅力在于可以实现自我进化。自然发生、自然消亡，在衍生中完成新旧更替，这是生态系统的活力所在。

越来越多的新经济企业认识到，自身的发展与产业生态环境息息相关。因此，他们会用开放的态度去扶持或联合产业链上下游的企业，共同打造良好的产业生态。

锐成芯微科技创始人向建军很早便意识到这一点，要把国内芯片领域做大，光靠单一技术很难实现。在创业之初，向建军便受到过客户、合作伙伴等诸多同行的帮助。没有他们提供的技术、资金和订单支持，他知道自己很难走到今天。而现在，公司已经开始走上正轨，他想利用自己在行业内的优势，帮助这一领域的创业团队。

这一想法起源于向建军和一位朋友的交谈。这位朋友也在从事芯片研发工作，但由于原公司结构调整，研究项目不能再继续进行，朋友带领的研发团队也要被迫裁撤。那次朋友聊天并不开心，向建军看到行业内优秀的人才流失，内心感到十分惋惜。

如果原公司能够按照既定战略继续执行下去，朋友的团队应该很快便能拿出成果。但是现在这一目标已经遥遥无期了。于是向建军向朋友建议到，"你们拥有一支完备的技术团队，项目研究也进行了这么长时间，与其去找工作，何不考虑自己创业？"对方心底认同向建军的观点，但是踌躇再三，迟迟没有决定。

向建军也知道他们的顾虑，回想起自己创业时的艰苦情景，他说道，"你们需要什么样的 IP ？我帮你们做。如果需要钱，我来投。"这句话说到了朋友的心坎里，吃了这颗定心丸，朋友很快便下定决心创业。解决了后顾之忧，这支团队便有了保障。凭借强大的技术实力及锐成芯微的支持，该公司迅速成长起来，在一年之后获得新一轮融资。

这便是锐成芯微扶持的第一个项目。向建军也借此成立了“芯空间”孵化器，利用自身技术、成果、产业链等优势，走平台化、共享化、共融的新经济模式，专门帮助集成电路领域的技术团队创业。目前，“芯空间”共入驻了成都 9 家芯片创业公司，他们的快速成长将对成都新经济发展起到积极的促进作用。

将产业内或上下游企业集中在一起，形成聚集优势的，并非只有锐成芯微科技一家。对于无人机企业傲势科技来说，他们从产品和产业两方面建立了生态体系。

在产品方面，傲势在三年时间里推出了 TA、TB、TC、HA、HB、X-Swift、X-Chimera 等多型固定翼及旋翼高端无人飞行器产品，形成了 THX 系列无人机体系。体系中的每款产品都各有特点，适用于不同的场景，比如，TC 产品聚焦物流应用，HA 解决了高原飞行问题。不管是远程指挥、侦察监控、情报分析、对地攻击，还是应急投送、组网通讯、大气研究、森林防火、航线试飞，都能通过 THX 系列无人机系统完成任务。

在建立了产品生态的基础上，傲势科技开始推动产业生态系统的完善。因为在工业无人机领域，从生产制造，到落地使用，再到维护运营是一个及其复杂的流程。一家公司分身乏术，需要多家公

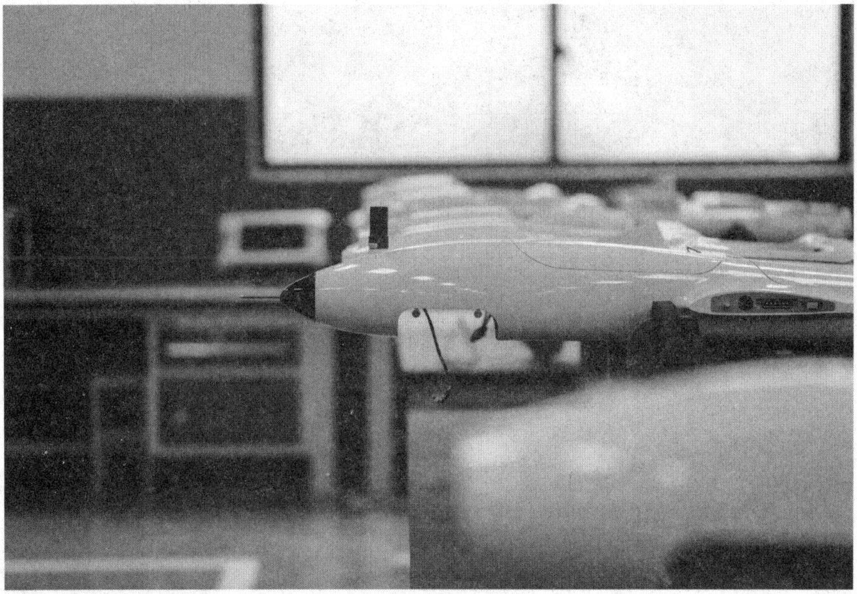

傲势科技无人机

司紧密配合。

2017 年 12 月 17 日，在成都召开的“首届 THX 无人机系统应用开发大会暨开发者大会”上，傲势科技携手携恩科技、京润华创、腾盾科技、未来无限网，与成都市金牛区、双流区，以及丰鸟航空科技有限公司、康得复合材料有限责任公司、成都市泰戈尔航空科技有限公等，就 TIFO 研究院（天府智能技术研究院）组建、无人机飞行员培训学校创办、无人机物流应用、大型商用无人机研制等发展方向签署了合作协议。

在这次大会上，同步成立的 TIFO 产业基金投入超过 90 亿的巨额资金，聚焦投资我国的人工智能产业。至此，THX 联盟高端商用

中国无人机产业论坛

无人机产业链初步形成。

简单而言，“THX 联盟”就是傲势科技和兄弟公司一起筹划建立了集前沿探索、产品研发、总装制造、运营服务和飞行员培训等为一体的智能飞行器产业集群，覆盖了无人机研发、生产、销售、运营、培训和应用全产业链业务布局。在这样的产业生态中，傲势科技自身也拥有了更强大的资源融通、解决方案设计和技术服务能力。

在任何产业中，孤军奋战总是艰难，只有产业链上下游协同合作，彼此开放，互相支持，才有可能把产业做大做强，最终共同分享产业红利。乌托邦不是一人建成的，“进托邦”更不会单打独斗。在这个强调合作共赢的时代，没有开放就没有机会，没有合作就没有发展。生态系统中的企业只有学会互利共生，才有可能相互成就、共赴沙场。

Postscript
后记

2019 年 12 月，我们和考拉看看内容创作团队终于合作完成了本书的写作。从项目立项到图书出版，一年的时间里我们走访了成都 20 余家新经济企业，采访了 70 余位创业者、企业高管、投资人和科研工作者。这是一段漫长但是却让人兴奋的经历。

早在 2017 年，我们便想对成都新经济和成都的创业者进行一次全景式的扫描。当时成都的新经济企业已经活跃在国内外的商业舞台上，成都市也提出要重点扶持新经济产业，发展“六大新经济形态、七大应用场景”。作为致力于研究新经济发展的机构，我们渴望对这一经济现象进行更为广泛阔和深入的调研。于是在筹备半年后，《先行者——未来新经济的探索》的创作项目正式启动。

作为这项计划的组织者和主要参与者，我们心潮澎湃。

我们不仅拜访了迅游、医联、BBD、极米科技、百词斩等知名企业，也走访了大地量子、奥北环保、洋葱视频等一批冉冉升起的新星。我们见到了无屏电视、工业级无人机等智能制造在成都遍地开花，也看到在线教育、动画制作等文化产业在这里欣欣向荣。在成都——中国西部这片创业热土上，有众多杰出的企业家和科学家正在改造着世界。他们的故事是世界上最精彩的故事之一。

回首中国改革开放 40 年，创新企业对社会经济的发展发挥着无可替代的作用。海尔让我们的家居生活更加便利，联想带我们走进了家用电脑时代，腾讯定义了中国人的社交，阿里巴巴重构了中小企业的营商环境……我们环顾四周，这样的故事俯拾即是。而今，大企业依然在各自领域施加着巨大影响，新兴的创业者也拿起了创造的接力棒。

改变首先发生在实验室。科技进步是社会经济发展的原动力，更是商业模式进化的前提。许多科研工作者从幕后走向前台，希望把手中的技术变成服务消费者的产品。以人工智能、5G、物联网等为代表性的技术是这一轮新经济企业发展的基础之一。不仅如此，在有着近 14 亿人口的中国，庞大和挑剔的消费者同样是促成这一场变革的重要因素。他们如同严厉的教练，对企业家和科学家提出极其严苛的要求，他们决定着商业竞技的终点，也促使创业者们不断努力奔跑。只有在技术和应用场景的紧密结合下，这个社会才能爆发出无穷的活力。

在写作本书时，我们试图将在成都发生的新经济实验，拆解开来逐一分析，把众多创业者进行归类仔细解读。但是实际上，科学技术在飞速发展，新经济企业的商业形态也在飞速进化。在我们写作的几个月时间中，这 20 多家受访企业又发生了翻天覆地的变化。我们此刻写下的东西，转眼间又变为过去时。这个变化多端的时代决定了写作者的徒劳——要在不确定性中准确定义和描述一个新兴企业和经济现象是十分困难的。

但是我们仍然尽力书写，因为我们生活在这样一个大变革的时代是无比幸运的。这个时代的创造力不断迸发，商业模式层出不穷。多年之后人们回顾这一阶段，希望读者能在本书中找到成都乃至西部经济崛起的秘密。

本书的顺利付梓离不开众多创业者、投资人、科研工作者的共同参与。我们首先要感谢 20 多家受访企业，他们从百忙之中抽出时间接受我们的采访，将创业一线的经历和故事毫无保留地分享给我们。在一起回溯创业过程时，我们时常为他们勇气和毅力所感染。就像在本书中写道的那样，创业是一场勇敢者的游戏，不经历九死一生，难言见到胜利的曙光。我们还要感谢电子科技大学的胡苏教授，四川大学华西医学院的雷鹏教授，他们分别在信息技术和生物医药领域进行着前沿的学术研究，对本书写作和科技内容的梳理，提供了巨大帮助。

我们要感谢考拉看看内容创作团队和天虎科技，他们为本书的出版付出巨大努力。考拉看看是国内出色的财经创作与运营团队，天虎科技是华西都市网旗下知名科技媒体。在前期采访中，我们一起联系受访企业，罗列采访大纲，对采访调研内容进行反复的讨论和修改；在后期的创作中，考拉看看团队在写作上更提供了许多宝贵的意见和建议，他们的付出对本书的完成有着重要影响。

我们还要感谢尊敬的读者。在新经济时代，消费者同时也是生产者，你们的尝试不仅成就了无数创新企业，同时也影响着这个时代的走向。你们的故事也同样值得记录。

最后，让我们通过本书，和“先行者”们一起，驶向未来。

成都新经济发展研究院

2019 年 12 月 17 日